Fortuné JULIEN

LE THÉATRE A AIX

DEPUIS SON ORIGINE

JUSQU'EN 1908.

AIX

TYPOGRAPHIE ET LITHOGRAPHIE B. NIEL
Rue Emeric-David, 5

1908

LE THÉATRE A AIX

DEPUIS SON ORIGINE JUSQU'EN 1908

Fortuné JULIEN

LE THÉATRE a AIX

DEPUIS SON ORIGINE

JUSQU'EN 1908.

AIX

TYPOGRAPHIE ET LITHOGRAPHIE B. NIEL

Rue Emeric-David, 5

1908

La première partie de cet ouvrage, allant jusqu'en 1854, a été publiée dans les *Annales de la
Société d'Études provençales* (N^{os} de mai-juin et
juillet-août 1908.)

AVANT-PROPOS

Il ne m'a pas été possible, malgré de sérieuses recherches, de me procurer les documents nécessaires pour fournir un récit ininterrompu de toutes les manifestations théâtrales qui se sont produites dans notre ville.

Cette pénurie de documents m'obligera donc, en écrivant l'histoire du théâtre à Aix, de passer sous silence d'assez longues périodes ; et mon travail n'aura une suite régulière que lorsque, vers 1837, mes investigations seront facilitées par des journaux publiés à Aix d'une manière continue.

Enfin, à partir de 1854, je pourrai faire appel à mes souvenirs, attendu que, dès cette époque et pendant vingt-cinq années, je vais assister, et même participer, à toutes les représentations en qualité de membre de l'orchestre. Il me sera alors permis de donner mes appréciations personnelles et de faire connaître les impressions que j'ai ressenties au théâtre depuis le jour où, avec l'ardeur et l'enthousiasme de mes dix-sept ans, je débutais dans la carrière musicale.

Je ne compte pas, cependant, même pour les époques abondantes en renseignements, suivre le spectacle jour par jour, cela aurait peu d'attraits ; je me bornerai à signaler les représentations sensationnelles, les pièces qui ont le plus attiré l'attention du public, les artistes remarquables parus sur la scène ; en un mot, mon intention est de relater seulement ce qui peut offrir de l'intérêt à un titre quelconque.

LE THÉATRE A AIX

DEPUIS SON ORIGINE JUSQU'EN 1908

Le théâtre à Aix, comme dans toute la France, eut pour origine les *mystères*, drames religieux dont les sujets étaient empruntés à l'Ancien et au Nouveau Testament. Aux *mystères*, vinrent bientôt s'ajouter les *moralités, jeux, farces et soties*, pièces plus courtes et plus légères dans lesquelles dominait la partie comique.

On ne pourrait déterminer exactement l'époque à laquelle, pour la première fois, des mystères furent représentés dans notre ville. Mais ce qui paraît hors de doute, c'est que le roi René, qui était, comme on le sait, grand amateur de fêtes et de spectacles, en avait fait jouer devant sa cour. Un manuscrit déposé aux Archives des Bouches-du-Rhône et cité par M. Petit de Julleville dans son ouvrage sur *Les Mystères* (1), nous fait savoir que « Jehan du Périer, dit le Prieur, maréchal des logeys du « roi reçut, le 26 décembre 1478, 250 florins en considé- « ration des bons et agréables services qu'il luy faisait « chacun jour et mesmement pour certain livre ou *histoire* « *des Apôtres* qu'il avait nagueres dressie et mis en ordre « selon la matière que le dit seigneur luy avait baillée. »

---

1 Bibliothèque Méjanes. N° 961, page 41.

Il s'agit, d'après M. de Julleville, du drame intitulé les *Actes des Apôtres,* dont les auteurs étaient les frères Ernoul et Simon Greban (du Mans), et auquel Jehan du Périer aurait seulement apporté des modifications.

Il nous faut franchir l'espace d'un siècle pour apprendre que « dès 1572, les Ecoliers d'Aix jouaient la « tragédie (1). »

M. de Julleville relate encore des *farces* jouées en 1584, dans lesquelles l'esprit satirique s'était tellement donné libre cours que le Parlement crut devoir intervenir en décidant que « seront les dits joueurs de *farces* ajournés « en personne pour répondre sur ce qu'ils seront inter-« rogés (2). »

Les plus anciennes représentations théâtrales données à Aix, dont on puisse parler avec certitude, sont de la fin du XVIe siècle ; elles eurent lieu à l'Archevêché, et se trouvent rapportées comme il suit dans le journal manuscrit de Foulques Sobolis, procureur au Parlement (3) :

« Le mercredi 19 may 1595 a été joué à l'évêché une « histoire romaine en latin par les écoliers et enfants de « la ville, *de Octavius Silla et Caius Marius,* montrant « une semblable guerre comme de présent, voulant les « grands régner par ambition. »

« Le 24 juin (même année), jour de la St-Jean, a été « joué un *jeu* à l'archevêché par les écoliers de la ville « et enfans du sieur de Lafare et autres : *enfant vertueux* « *et vicieux,* lequel vicieux après avoir dissipé tout s'est « désespéré et le diable l'a emporté, et le vertueux, le père

---

¹ *Histoire de l'Ancienne Université de Provence;* par M. le recteur F. Belin, t. I, page 301.

² Il y a lieu de remarquer que les *farces* étaient ordinairement jouées en plein air par des comédiens ambulants qui, en même temps, vendaient des drogues. La place des Prêcheurs était le lieu habituel de leurs exploits. (Voir l'article publié par M. Charles de Ribbe dans l'*Echo des Bouches-du-Rhône,* le 27 janvier 1861.)

³ Bibliothèque Méjanes. N° 1221 au Catalogue des Manuscrits dressé par M. l'abbé Albanès.

« le marie. Et ensuite une *farce* à quatre personnages,
« un savoyard, le second provençal, le tiers espagnol et
« le quart français ».

« Le jeudi 21 septembre (même année), jour de St-
« Mathieu, à l'archevêché a été joué l'histoire de toute la
« présente guerre, y ayant 33 personnages, les uns fai-
« sants les capitaines, les autres les laboureurs et tiers
« état, lequel était pillé et saccagé ; enfin le roi a mis tout
« en paix (1) ».

Le même manuscrit cite une représentation donnée le
9 juin de l'année 1596, dans l'église des Prêcheurs où
« fut représentée l'histoire des Machabées ards d'une
« femme et de sept siens enfans que le roy Antiochus
« fit mourir pour n'avoir voulu manger chair de pour-
« ceau ».

Le Parlement surveillait toujours les comédiens en
plein vent. Par un arrêt du 10 décembre 1632, il défendit
« à ceux qui vendaient des *huiles,* de monter sur le théâ-
« tre les jours de fête et dimanches, et les autres jours
« d'y faire monter aucune femme (2). »

Il est probable que, par la suite, des représentations
comiques ou dramatiques furent souvent données, soit

---

1 Dans une brochure publiée en 1862, M. Joly, professeur à la Faculté des
lettres d'Aix, établit, d'une manière à peu près certaine, que les *jeux* représentés le 24 juin 1595, étaient deux tragi-comédies en vers, composées par
Benoet du Lac, gentilhomme dauphinois, qui furent imprimées à Aix,
chez Jean Courraud, sous les titres : *le Désespéré* et *Caresme prenant.* La
brochure de M. Joly et le volume de Benoet du Lac sont à la Bibliothèque
Méjanes (5716 et réserve 105). On est surpris, néanmoins, à la lecture des li-
cences de langage que contiennent ces pièces (surtout *Caresme prenant*),
qu'elles aient eu pour théâtre l'Archevêché, et pour interprètes les écoliers et
jeunes gens de la ville.

Quant aux *jeux* représentés le 19 mai et le 21 septembre 1595, on n'en
connaît ni les textes ni les auteurs; mais, leurs titres et les quelques mots de
commentaire ajoutés par le narrateur, font comprendre que c'étaient des
pièces d'*actualité,* contenant des allusions aux guerres de la Ligue qui firent,
à cette époque, de si grands ravages à Aix et dans toute la Provence.

2 *Répertoire du théâtre comique au moyen-âge,* par Petit de Julleville.
(Bibliothèque Méjanes, N° 962, p. 399.

dans les couvents, soit ailleurs ; malheureusement, il ne s'est pas trouvé un autre Sobolis pour nous en conserver la relation.

Je signalerai encore, cependant, deux traces de spectacle consignées, l'une par J.-F. Porte dans *Aix ancien et moderne*, disant que, vers 1650, « on se permit de jouer « des *farces* dans lesquelles le gouverneur (comte d'Alais) « et son épouse étaient représentés de la manière la plus ridicule » ; et l'autre, par l'historien de Haitze, qui fournit quelques détails sur une représentation donnée, au couvent des Anciens Carmes, le jeudi gras 12 février 1711, où fut jouée une comédie visant les Jansénistes, et dans laquelle, entre autres plaisanteries plus ou moins spirituelles, les mots *grâce efficace* étaient traduits par *grâce fricassée*. De Haitze ajoute que, sur la plainte des assistants scandalisés, l'archevêque « révoqua tous les pou- « voirs de confesser et de prêcher qu'il avait donnés à ces « religieux, et leur ordonna de faire sortir de son diocèse « l'auteur et les acteurs de la pièce ».

Cette courte et très incomplète analyse des premiers essais, à Aix, de représentations théâtrales, nous conduit vers le commencement du XVIIIe siècle, époque marquée par la création d'une salle de spectacle. Ma tâche essentielle sera donc de raconter dorénavant les principales manifestations de l'art lyrique et dramatique réalisées dans cette salle qui, après plus de 200 ans, conserve encore aujourd'hui sa destination primitive.

Roux-Alphéran dit, dans les *Rues d'Aix* (1), que la salle de spectacle, d'abord destinée, en 1660 (2), à un *Jeu de paume*, fut transformée en théâtre vers les premières années du XVIIIe siècle. Je n'ai pu découvrir aucune preuve officielle de cette transformation ; mais, sans contester le

---

1 Tome II, page 229.

2 Cette date est confirmée par l'inscription suivante que l'on voit encore au théâtre, dans le couloir du rez-de-chaussée: AV GRAND - JEV DE PAVME - ROYAL - 1660.

dire de Roux-Alphéran, je puis affirmer que, environ 40
ans avant l'époque qu'il indique, des représentations théâtrales furent données dans un Jeu de paume. Cela résulte
d'une délibération du 20 novembre 1662 par laquelle les
Consuls, se basant sur un règlement de 1660, fixent le prix
des places « au théâtre dressé par une compagnie de co-
« médiens sur le Jeu de paume du sieur Delourme, à 10
« sols pour les pièces connues et à 20 sols pour les pièces
« non encore jouées en cette ville (1). » Le même local servait donc à deux fins : Jeu de paume en temps ordinaire,
et théâtre lorsque passaient des troupes de comédiens.

Je dois dire, toujours d'après Roux-Alphéran, que, outre le Jeu de paume destiné à être changé en théâtre et qui
se trouvait dans la rue du Boulevard, appelée aussi des
Petites Maries (aujourd'hui rue de l'Opéra), il y en avait
un autre, sur le Cours, à côté de la maison Garidel, sise
« après la rue Nazareth, en montant. » Il était très fréquenté vers 1670, et appartenait au sieur Pierre Lormier (2). Quel est, des deux Jeux de paume, celui où s'ins-
tallèrent les comédiens en 1662 ? La quasi-ressemblance
entre les noms de Delourme et Lormier pourrait peut-être
fournir une présomption en faveur de l'établissement situé
sur le Cours.

Il existe d'autres preuves que des spectacles publics
furent donnés, à Aix, avant le XVIIIᵉ siècle. C'est d'abord
la punition infligée, en 1681, par le Chapitre métropolitain au célèbre Campra, alors attaché à la Maîtrise, « pour
« avoir paru dans un opéra (3) » ; et ensuite le passage,
en 1696, du directeur privilégié de la région, un nommé
Gautier, qui donna des représentations d'opéra à Aix,

---

1 Ce document figure aux Archives communales sous la cote b. b. 116,
fol. 12. Je dois sa communication à l'obligeance de M. Maurice Raimbault,
chargé du classement des dites Archives.

2 Les rues d'Aix, t. II, p. 151.

3 Manuscrit du Chapitre, cité par M. l'abbé Marbot dans son *Histoire de
la Maîtrise.*

Avignon, Arles et Montpellier (1). Ce Gautier était probablement le directeur de même nom désigné par M. Alexis Rostand dans son ouvrage la *Musique à Marseille*, pour avoir, « nanti d'une autorisation de Lulli, fait con« naître à Marseille, en 1681, les tragédies lyriques de « l'époque. »

Quelle que soit la date exacte de la transformation du Jeu de paume en salle de théâtre, l'existence de cette salle ne nous est signalée qu'au moment où, l'année 1756, elle est fermée par ordre de l'autorité, parce qu'elle menace ruine.

Il n'est donc pas possible de connaître les évènements théâtraux de la première moitié du XVIIIe siècle. Mais, comme en cas de disette il faut savoir faire flèche de tout bois, j'extrais d'une lettre écrite, le 17 juin 1733, par Mme de Simiane (la petite fille de Mme de Sévigné), la phrase suivante dans laquelle, incidemment, il est question du théâtre : « Des nouvelles ? hélas ! la ville d'Aix n'en four« nit point ; la Mission est finie, la comédie lui succède « demain ». C'est un bien faible document pour tout un demi-siècle ; il suffit cependant à nous indiquer que le grand monde s'occupait alors du théâtre ; et que, en 1733, comme aujourd'hui, on passait volontiers et sans transition, du sacré au profane.

Voici, pour reprendre l'historique du local, quelques renseignements puisés à la Bibliothèque Méjanes (Manuscrit n° 842). « La salle de spectacle, appartenant à la dame « du Lac et tombant en ruine, fut interdite par ordonnan« ce de M^{rs} les Lieutenants-généraux de police, du 15 juil« let 1756..... M. le duc de Villars, gouverneur de Pro« vence, ayant manifesté le désir de voir reconstruire le « théâtre, une association se forma, par acte du 16 novem

---

1 Détails donnés dans *Le Sémaphore* du 12 juin 1892, par Numa Coste qui, peu de temps avant sa mort, regrettable à tant de titres, avait bien voulu me communiquer divers articles publiés par lui sur le théâtre à Aix et à Marseille

« bre 1756 passé devant M. Bouteille, notaire, entre le
« sieur Routier, architecte, et plusieurs habitants de la
« ville, pour procéder à la reconstruction de la salle. »

L'ouverture de la salle reconstruite eut lieu le 1er janvier
1758 ; mais, nous ignorons complètement la composition
du spectacle et les noms des artistes qui y prirent part.

Par arrêté du 15 mars suivant, il fut fait défense « de
« passer d'une loge à l'autre (en enjambant les cloisons),
« et aux gens de livrée d'entrer au spectacle même en
« payant. » Défenses qui peignent bien les mœurs de
l'époque.

Pour avoir quelques données certaines, il nous faut ar-
river à 1771. Cette année, le célèbre tragédien Lekain
représenta, le 16 septembre, *Tancrède* (de Voltaire). Ce
qui a le plus contribué à conserver le souvenir du passage
de Lekain, c'est l'orage épouvantable qui inonda la ville
pendant la représentation, transformant les rues en riviè-
res dans lesquelles on voyait rouler différents objets mobi-
liers, notamment les cuves servant à fouler les raisins. Les
contemporains désignèrent cette soirée sous le nom de
déluge de Lekain (1).

Un livre de comptes déposé à la Bibliothèque Méjanes (2) et sur lequel sont notées les dépenses effectuées du
mois de novembre 1775 à fin décembre 1776 laisse supposer que, pendant ces treize mois, le théâtre dut fonctionner
avec éclat. Le total des dépenses (non compris les appointements des acteurs et les frais journaliers), s'élève à
33.338 livres. Sur cette somme, figurent des frais de voyage considérables. Ainsi, 1.800 livres furent payées pour
les voitures qui amenèrent la troupe de Montpellier à Aix ;
un voyage à Toulon coûta 722 livres. Le directeur (ou
gérant) de la troupe était un sieur de Lagrange qui exploita le théâtre pendant plusieurs années ; ses principaux

---

1 Roux-Alphéran, les Rues d'Aix. (t. II, p. 232.)
2 Salle des Archives.

sujets s'appelaient : Bertelier, Desroches, Blanchard, Garnier, Cressent, Mmes Lagarde, Durant, Blanche, Julie.

J'ai trouvé, sur l'année 1777, d'assez nombreux documents consignés dans un recueil hebdomadaire d'annonces portant le titre de : *Affiches de Provence* (1). Le numéro du 24 février contient le compte-rendu d'une pièce nouvelle avec ariettes, composée par deux amateurs et intitulée *la Coquette du village*. Il est dit, dans cet article, que la pièce est écrite correctement et avec beaucoup de chaleur, mais qu'elle n'a eu qu'un succès médiocre. On invite les auteurs à modifier le dénouement ainsi qu'un rôle qui a paru choquant.

Voilà, sans doute, une des premières pièces inédites qui aient été représentées sur le théâtre d'Aix. Il est regrettable que les noms des auteurs ne nous soient point parvenus.

Il y a, dans le numéro du 3 mars, une annonce faisant savoir que « le sieur de Lagrange, entrepreneur du spec-« tacle, reçoit les abonnements pour le concert à 48 livres « et pour la comédie et le concert à 120 livres. Domicile « du sieur Lagrange au pont Moreau, maison du sieur « Gérard, vitrier. » Cette annonce semble indiquer que Lagrange avait l'entreprise du spectacle et du concert. Ce cumul ne dut pas durer longtemps et nous allons voir une société se former, la même année, pour donner des concerts à l'Hôtel-de-ville.

Le tableau de la troupe du sieur Lagrange, publié le 7 avril 1777, mérite d'être noté, ne serait-ce que pour faire connaître les termes par lesquels on désignait alors les différents rôles :

« Garnier, 1er rôle à Roi ; Fleuri, jeune premier ; La « Ribardière, manteau à financier ; Clairinville, 1er comi-« que ; Millerand, 2e comique ; Dorimont, second roi ; « Dorval, 3e rôle ; Saintville, 1re basse-taille ; Dutailly, « basse-taille à tablier ; Dutilleul, laruette ; Orieul, secon-

---

1 Bibliothèque Méjanes. Salle F, N° 1182.

« de haute-contre ; Saint-Prin, 2ᵉ basse-taille ; Montmer-
« ville, 1ʳᵉ haute-contre. Mᵐᵉˢ Desbruyères, 1ʳᵉ chanteuse ;
« Dorneval, autre 1ʳᵉ chanteuse ; La Marre, 1ᵉʳ rôle à rei-
« ne ; Milland, jeune première ; Dutailly, second rôle ;
« Millerand, caractère à confidente ; Villard, 2ᵉ soubrette
« et duègne ; Biny et sa sœur, 1ᵉʳˢ danseurs. »

Voici un extrait du compte-rendu donné par les *Affiches*
le 14 avril : « La troupe du sieur Lagrange a débuté,
« mardi 8, par *Eugénie* (drame de Beaumarchais) et la
« *Gageure* (comédie de Sedaine). Dans l'une et l'autre
« pièce, Mˡˡᵉ Milland a rempli, avec le plus grand succès,
« les principaux rôles. Le sieur Saintville a débuté par le
« *Déserteur* (opéra de Monsigny) ; si cet artiste avait plus
« de voix, il ne laisserait rien à désirer. Le sieur de la Ri-
« bardière, acteur connu sur ce théâtre, y a ramené la gaîté
« dont on avait oublié la nécessité dans les rôles de son
« emploi. »

Parmi les artistes que la suite des débuts mit en éviden-
ce, il faut citer Mˡˡᵉ Desbruyères, dont le talent est apprécié
comme il suit dans le numéro du 21 avril : « La demoiselle
« Desbruyères a paru dans la *Belle Arsène* (de Monsigny).
« Dans ce superbe rôle, si bien fait pour sa voix, pouvait-
« elle ne pas avoir le plus grand succès ? Elle possède
« parfaitement l'art du chant et réunit de grands avanta-
« ges : l'étendue et la beauté de l'organe, l'expression et
« la facilité. On a lieu d'espérer que ses talents seront tou-
« jours chers au public, qui sait les apprécier. »

Le numéro du 28 avril consacre, de nouveau, quelques
lignes à Mˡˡᵉ Desbruyères ; mais cette fois, à la louange
se trouve mêlée une légère critique : « Dimanche dernier,
« la demoiselle Desbruyères a reparu dans la *Belle Arsène*
« et reçu les mêmes applaudissements qu'à son début. On
« peut promettre à cette actrice un succès constant qui,
« sans doute, serait plus considérable si elle soignait davan-
« tage le dialogue et ne sacrifiait pas quelquefois le mou-

« vement de la scène à l'éclat d'un son brillant. On l'a vue
« aussi avec plaisir dans la *Fée Urgèle* (paroles de Favart,
« musique de Duni) ; les trois rôles qu'elle y a remplis
« demandaient peut-être plus de détails, mais la musique
« y a gagné. »

On passe ensuite à d'autres artistes : « Mardi passé la
« demoiselle Milland a joué *Zaïre* et le public a paru
« regretter l'actrice qui avait rendu si intéressants les rôles
« d'Eugénie et d'Aménaïde. Le sieur Garnier, qui jouait
« Orosmane, ne doit pas ignorer que les cris ne tiennent
« jamais lieu de chaleur et qu'une parfaite intelligence de
« la scène ne suffit pas toujours pour réparer les défauts
« de la diction. Le sieur de la Ribardière a joué *l'Avare*
« avec beaucoup de chaleur et de vrai comique... La de-
« moiselle Duloir a débuté par Hélène dans *Silvain* (de
« Grétry) et Simone dans *le Sorcier* (de Philidor). Une
« figure agréable, une voix douce et juste, de l'intelligen-
« ce et beaucoup de gaîté, voilà les moyens de cette actrice.
« Elle paraît formée sur de bons modèles. »

« 5 mai... que de choses n'aurions-nous pas à dire de Mlle
« Milland ? Quelle légèreté, quelle gaîté dans *les Folies*
« *amoureuses ;* que de moments heureux dans Aménaïde
« (Tancrède) ! »

On dit souvent que le public et les journaux attachent,
de nos jours, une trop grande importance à tout ce qui a
trait au théâtre et aux comédiens ; nous allons voir que,
au XVIIIe siècle, on ne se passionnait pas moins qu'aujourd'hui lorsqu'il s'agissait d'apprécier les talents des
des acteurs et surtout des actrices. La lettre suivante, insé-
rée dans les *Affiches* le 16 juin 1777, va nous montrer la
ville d'Aix divisée en deux camps ennemis par la dispute
des *Desbruyèriens* et des *Cressentins*. Ces deux néologis-
mes furent créés pour désigner les partisans de Mlle Desbruyères et ceux de Mlle Cressent, les deux principaux
sujets féminins de la troupe. Et comme la mode était alors

aux parallèles, l'auteur de la lettre commence par en faire
un entre ces deux personnes : « La première (Mlle Desbru-
« yères), plus fière d'étonner que de plaire, charme et
« ravit par tout ce qui tient aux effets sublimes et aux
« grandes formes du chant, et son émulation s'accroît aux
« approches de sa rivale. Mais, s'il est un chant pour l'â-
« me ; si le cœur n'a pas perdu tous ses droits, il est
« encore une place sur notre théâtre pour Mlle Cressent...
« La réunion de ces deux actrices étouffera bientôt les cris
« des deux partis *dont nos promenades et nos cercles*
« *retentissent.* »

C'est ce qui arriva, en effet, et le numéro du 23 juin nous
apprend que la scène a réuni les deux artistes, et que les
troubles comiques ont cessé.

Quelques jours après, le 30 juin 1777, la ville d'Aix eut
l'honneur de recevoir la visite de *Monsieur* (Comte de
Provence et futur Louis XVIII). La réception fut brillante.
Le Cours avait été magnifiquement décoré. Les mar-
chands, au nombre de 80, s'étaient rendus, en corps de
cavalerie, à quelque distance de la ville. Après un court
séjour, le prince quitta la ville pour y revenir bientôt ; et
ce fut à cette seconde visite qu'on lui montra les *jeux* de la
Fête-Dieu et qu'on donna, en son honneur, une représentation de gala suivie d'un bal. Les *Affiches* relatent ces
fêtes dans le numéro du 14 juillet : « ... Le prince se rendit
« ensuite à la Comédie, dont la salle était artistement déco-
« rée... Les dames de la première distinction s'étaient réu-
« nies dans les loges et aux gradins... Les comédiens
« jouèrent *l'Amoureux de 15 ans* (comédie à ariettes de
« l'académicien Laujon). *Monsieur* daigna applaudir aux
« efforts qu'ils faisaient pour lui plaire... La comédie fut
« suivie d'un bal paré ; le prince s'y rendit à 11 heures, à
« pied ; il accueillit tout le monde avec bonté. (1) »

---

[1] A cette époque, la salle n'avait pas le même aspect qu'aujourd'hui ; elle
était éclairée d'une façon rudimentaire par des chandelles ; les spectateurs

J'ai dit, en parlant des concerts dont le directeur du théâtre avait l'entreprise, qu'une société allait se former pour
donner des séances à l'Hôtel-de-Ville. Les *Affiches* du 1er
septembre publient, à ce sujet, l'avis suivant : « On an-
« nonce qu'il y a, depuis le commencement du mois
« d'août, un grand concert vocal et instrumental à la salle
« ordinaire de l'Hôtel-de-Ville, où divers musiciens et
« amateurs se sont réunis pour donner, tous les diman-
« ches, à 5 heures précises, cet amusement au public. Ils
« donnent ordinairement un acte d'opéra, une ariette et
« un motet à grand chœur. On s'y abonnera à 3 livres par
« personne pour tout le mois de septembre, y compris le
« concert d'hier, 31 août. Ceux qui voudront être admis
« sans être abonnés payeront 24 sous pour chaque con-
« cert. »

Les concerts furent continués tout l'hiver, et les *Affiches*
en donnèrent régulièrement les programmes, du mois de
janvier au mois de mars 1778. Ces programmes ne man-
quaient ni d'intérêt ni de variété ; ils contenaient des frag-
ments pris dans les opéras de Rameau, Floquet, Philidor,
Grétry, Monsigny ; des motets de divers compositeurs ; et
même une Messe entière du R. P. Sancto-Victo, organiste
à Saint-Sauveur (1).

En ce qui concerne le théâtre, les documents sont moins
abondants en 1778 qu'en 1777. Je trouve cependant, à la

du parterre étaient tous debout ; les Consuls, à qui le Parlement avait, par
arrêt du 5 mai 1763, refusé la jouissance d'une loge, se plaçaient aux premières galeries, sur un banc surmonté des armoiries de la ville ; le spectacle
commençait vers 5 heures pour finir à 9.

1 Cette société musicale n'était pas la première que l'on connût à Aix ;
38 ans auparavant, une délibération du Conseil de ville, en date du 22 avril
1740, autorisait une *Société de concerts* qui venait de se créer, à s'installer
dans une salle de l'Hôtel-de-ville (Archives communales). Plus tard, en
1764, une *Académie de musique* révèle son existence par la demande qu'elle
adresse au Chapitre métropolitain dans le but d'avoir le concours de la Maîtrise au service funèbre du grand compositeur Rameau (Délibération du
Chapitre du 5 novembre 1764).

date du 17 mai 1778, dans le volume des *Affiches* que m'a
obligeamment communiqué M. Raymond Ferrier, un article très élogieux sur Mlle Sainval aînée, qui venait de se
présenter sur la scène aixoise : « Enfin, Mlle Sainval nous
« est connue ; la supériorité de ses talents n'est point une
« chimère... Forte et énergique comme la Duménil, moins
« inégale qu'elle ; se dessinant avec autant de dignité,
« autant de grâce que la Clairon ; exprimant la tendresse
« avec autant d'intérêt que la Gaussin ; aussi savante que
« Lekain ; plus vraie et plus naturelle qu'aucune de celles
« qui l'ont précédée... » L'article continue sur ce ton
dithyrambique, et se termine par un sixain exprimant les
regrets qu'inspire le départ de la célèbre actrice (1).

En 1779, le public aixois fut émerveillé par une troupe
de petits comédiens qui donnèrent, à plusieurs reprises,
des représentations d'opéra. Les *Affiches* du 21 mars
annoncent que « les petits comédiens, élèves du sieur
« Bernardy, sont ici depuis quelque temps. Le plus âgé
« n'a pas plus de 12 ans. Ils jouent, avec une supériorité
« qui étonne, surtout les opéras bouffons. Jamais le spec-
« tacle n'avait été plus suivi. »

« 4 Avril. Les petits comédiens ont fait la clôture du
« théâtre samedi dernier, 27 mars, par *Zémire et Azor*
« qu'ils ont rendu avec cette supériorité et ce naturel qui
« caractérisent leur jeu. Le petit Débus, qui a joué le rôle
« d'Azor, a terminé la pièce par un compliment au public
« pour le louer de son bon goût, et le remercier de ses
« bontés et de son indulgence. »

Au cours de la même année, Monvel, artiste parisien,
qui était auteur et acteur, obtint un succès considérable,
noté dans les *Affiches* du 6 Juin : « Nous avons le plaisir
« de posséder depuis quelques jours sur notre théâtre, le

---

1 Mlle Sainval aînée, dont le vrai nom était Alziari, avait succédé, au
Théâtre français, à Mlles Clairon et Duménil. Au dire des contemporains, elle
était admirable dans les rôles exigeant de la vigueur et du pathétique, comme
Athalie, Cléopâtre, Pauline.

« sieur Monvel, acteur de Paris. Il réunit le double avan-
« tage de composer de fort jolies pièces et de les rendre
« supérieurement sur la scène. Jeudi dernier, jouant dans
« le *Père de famille* (comédie de Diderot), il inspira un
« enthousiasme universel. Une couronne et des vers sui-
« virent les applaudissements des spectateurs (1). »

Le retour des petits comédiens est annoncé le 20 juin.
« La troupe des petits comédiens s'est arrêtée ici à son re-
« tour de Toulon et de Marseille ; elle a débuté mercredi,
« dernier par la *Fausse magie* et la *Rosière* (opéras de
« Grétry) qu'ils ont donnés supérieurement. Le jeune
« Débus a fait, à l'ouverture, un compliment en vers. »

L'année 1780 est signalée par le nouveau séjour que fit
à Aix Mlle Sainval aînée ; séjour qui dut être d'une assez
longue durée, si elle donna toutes les pièces annoncées par
les *Affiches de Provence* du 13 février : « Notre théâtre
« possède enfin Mlle Sainval l'aînée, cette actrice célèbre
« qui, par la force, le naturel et l'énergie de son jeu, enlève,
« partout où elle passe, tous les suffrages. Elle débuta ven-
« dredi (11 février) dans *Cinna* ; hier (12), elle joua dans
« *Tancrède* ; aujourd'hui elle donne *Mérope*. Elle don-
« nera successivement : *les Horaces, le Comte d'Essez,*
« *Didon, Arianne, l'Orphelin de la Chine, Bajazet, Mé-*
« *dée, Polieucte.* »

Pendant l'été de 1783, une autre célébrité parisienne,
Mlle St-Huberty, vint donner plusieurs représentations (2).

---

1 Monvel (Jacques-Marie Boutet de) était un excellent acteur, malgré son
physique peu avantageux. Il brillait plus dans la tragédie que dans la comédie. Comme auteur, il produisit : *l'Amant bourru, les Amours de Bayard,*
les Victimes cloîtrées et plusieurs autres pièces. Il écrivit, en collaboration
avec Alexandre Duval, un certain nombre d'opéras, dont le plus connu est
Blaise et Babet, mis en musique par Dezédes. Enfin, il fut le père de la célèbre comédienne Mlle Mars (Anne-Françoise-Hippolyte Boutet) ; un bio-
graphe malicieux ne craignit pas d'assurer que c'était là son meilleur ouvrage.

2 Mlle St Huberty (Antoinette Clavel) était devenue, après la retraite de
Sophie Arnould, la première cantatrice de l'Académie de musique. Elle avait
fait, dans l'opéra, la même révolution que Talma dans la tragédie, au sujet
de l'exactitude des costumes.

Une brochure publiée par M. Mouttet, ancien juge de paix et bibliophile distingué, donne quelques détails sur le séjour à Aix de Mlle St-Huberty (1). La célèbre cantatrice fut reçue dans la famille de M. Grégoire, dont le fils aîné, Louis Denis, devint secrétaire de la musique de Napoléon, puis maître de chapelle de Louis XVIII. (C'est lui qui a noté les airs des *jeux* de la Fête-Dieu). La maison Grégoire se trouvait rue du Grand Boulevard (Eméric-David), n° 47. Des représentations données par Mlle St-Huberty, la seule dont le programme nous ait été conservé est celle du 23 juillet 1783, où elle parut dans le *Devin du village* (de J.-J. Rousseau) et le *Tableau parlant* (de Grétry). La phrase suivante tirée d'une lettre adressée, le lendemain 24 juillet, par Mme de Bardonenche au comte de Mirabeau, nous apprend qu'elle avait joué auparavant plusieurs autres ouvrages de genres différents : « Il est impossible d'imaginer qu'on puisse passer « du rôle d'Alceste, d'Iphigénie, à celui de Colette, de « Colombine, et y être aussi supérieure. » Cet éloge de Mlle St-Huberty dut faire plaisir à Mirabeau, qui s'était épris de la grande cantatrice à laquelle, avec son impétuosité ordinaire, il manifesta son affection en lui meurtrissant le bras.

Deux ans après, en juin 1785, Mlle St-Huberty revint à Aix et y donna de nouvelles représentations. Nous n'avons aucun détail sur cette visite ; mais, comme la brochure de M. Mouttet contient les titres des pièces qu'elle représenta à Marseille, pendant le même voyage (*Iphigénie, Alceste, Didon, Ariane, La Belle Arsène, Renaud*), il est permis de supposer qu'elle donna, à Aix, quelques-unes de ces pièces.

En 1786, la salle fut repeinte et décorée par les soins du comte de Thiard, lieutenant-général des armées du roi, commandant en Provence. Des loges furent cons-

<hr>

1 Biblothèque Méjanes, n° 40,939.

truites à chaque étage, et des corridors établis derrière
les spectateurs. Le directeur, un nommé Garnier, avait
deux troupes, l'une qui donnait le grand opéra, l'opéra-
comique et le ballet ; l'autre la tragédie et la comédie. Il
tenait Aix, Toulon et Avignon (1).

Un prospectus découvert par M. Aude, conservateur
de la Bibliothèque Méjanes, qui a bien voulu me le communiquer, donne les conditions de l'abonnement au spectacle pour l'année 1787-88, (du 2 novembre jusqu'à la
veille des Rameaux). Le sieur Deletre, directeur, fait
connaître que « chaque abonné aura droit à l'entrée, ex-
« cepté pour les représentations au bénéfice des acteurs
« portées sur leurs engagements. Pour les acteurs de
« Paris et autres extraordinaires, on paiera moitié prix.
« Un ballet agréable variera le spectacle. On aura l'entrée
« à tous les grands bals. Prix de l'abonnement : Premiè-
« res loges, hommes 72 livres, dames 48 livres ; Secondes
« loges, moitié prix des premières pour les hommes et 30
« livres pour les dames. Abonnement au mois : hommes
« 18 livres, dames 12 livres. »

Les agitations de la période révolutionnaire durent iné-
vitablement entraver la marche du spectacle. Il existe
pourtant aux Archives municipales quelques documents
se rapportant à cette époque. Ainsi, une délibération du
Conseil général de la commune, en date du 29 novembre
1790, ordonne au directeur de substituer, sur les affiches,
le titre de *comédiens français* à celui de *comédiens du roi,*
et dit que, pour prévenir le retour des troubles qui ont eu
lieu à raison de l'habit de livrée porté par un acteur, « il
« sera fait défense au *régisseur privilégié* de laisser paraî-
« tre aucun acteur en livrée. » Cette défense dut être très
gênante, car il est bien peu de pièces, dans le répertoire
de l'époque, qui n'aient un ou plusieurs personnages en
livrée.

1 Article de M. Numa Coste dans le *Sémaphore* du 22 décembre 1888.

Quelques représentations furent données, par les comédiens, au profit des pauvres ; celle du mois de décembre 1790, organisée par la Société des *Amis de la Constitution*, produisit un bénéfice net de 726 livres.

Il y eut aussi des représentations d'amateurs. A une de ces représentations, des allusions politiques ayant été introduites dans l'opéra *le Déserteur*, il en résulta des troubles qui motivèrent, le 10 février 1792, une délibération dont voici les dispositions principales : « Le Conseil muni-
« cipal, sous la présidence de M. Perrin aîné, maire....,
« Considérant que *la Belle Arsène*, que des amateurs se
« proposent de jouer dimanche et qu'ils semblent avoir
« annoncée avec une affectation dangereuse, est au nombre
« de ces pièces qui, innocentes par elles-mêmes, donnent
« cependant prise à des allusions capables d'opérer la mê-
« me agitation que la représentation du *Déserteur*...
« Délibère qu'il sera défendu aux citoyens jouant des
« pièces de théâtre à la salle du sieur Routier, de jouer
« dimanche prochain, la *Belle Arsène,* sauf à remplacer
« cette pièce par toute autre dont les passages ne peuvent
« point s'appliquer aux affaires publiques. »

Cependant les représentations à la salle Routier cessèrent bientôt ; et la preuve en est que, au mois de fructidor an 3 (août 1795), le propriétaire, faisant valoir que son théâtre était resté fermé pendant 4 ans, demanda et obtint une réduction sur la somme de 300 francs qu'il payait pour les impositions de la salle.

Un ambassadeur de la Porte ottomane, arrivé à Aix le 10 messidor an 5, assista le lendemain au spectacle qui lui fut offert par les autorités constituées ; « il témoigna beau-
« coup de satisfaction et applaudit au désir que montraient
« les artistes de l'intéresser et de l'amuser. »

Le 28 du même mois, le Conseil prit une délibération par laquelle il accordait aux citoyens Demazure et Chevalier, entrepreneurs de spectacles, l'autorisation de donner des représentations en se conformant aux lois sur la police des théâtres.

Le 25 messidor an 8, on célébra solennellement la *fête du 14 juillet et de la Concorde*. Le compte-rendu conservé aux archives, fait connaître qu'il y eut, outre les réjouissances habituelles, un concert donné par la musique de la 55° demi-brigade ; des symphonies et des hymnes à grand chœur, exécutés autour de la statue de la Liberté par des amateurs et des musiciens de la ville ; et enfin, à 10 heures du soir, un spectacle dans lequel plusieurs amateurs représentèrent *la Soirée orageuse* et *l'Auberge pleine*. Ce spectacle fut gratuit.

Un règlement très détaillé sur le *régime du théâtre* fut élaboré la même année. Je puis en donner quelques extraits, grâce à la bienveillance avec laquelle son possesseur, M. Paul Arbaud, l'a mis à ma disposition : « .... Il « est défendu à toutes personnes, de quelque qualité « qu'elles soient, de prétendre avoir le privilège de l'entrée « gratuite au spectacle... Il est défendu de passer d'une lo- « ge à l'autre autrement que par la porte... Les symphonis- « tes seront tenus d'être à l'orchestre demi-heure avant la « levée de la toile, à peine de perdre la moitié de leur salai- « re... Le prix des places est réglé, selon l'usage actuel, « à 15 sols le parterre, 30 sols les secondes loges, 48 sols « les premières loges et 3 francs les loges grillées ou fer- « mées. »

Voici la liste de quelques pièces annoncées comme devant être jouées par plusieurs artistes du grand théâtre de Marseille. Cet écrit ne porte pas de date, mais sa rédaction et les titres des ouvrages laissent supposer qu'il est à peu près de la même époque que le règlement qui précède : « Répertoire des spectacles joués à Aix, dans l'espace de « 3 mois 1/2, par les citoyens Durand, Colson, Croisier, « Blauvalet, Corréard cadet, Yvan, Billon ; Mmes Durand, « Dharcourt, Joly et Renelle, artistes réunis du grand

« théâtre de Marseille : *Mahomet*, le *Festin de pierre*, les
« *Trois Sultanes*, la *Femme jalouse*, le *Déserteur*, le
« *Joueur*, le *Menteur*, le *Barbier de Séville*, le *Mariage*
« de *Figaro*, *Amphitrion*, la *Fausse Agnès*, les *deux*
« *Figaros*, *Tartufe*, etc. (1).

Le 13 ventôse an 9, la municipalité fit donner, dans la
salle de spectacle, un grand concert vocal et instrumental
suivi d'un bal masqué. Ce concert « supérieurement exé-
« cuté par des amateurs de la ville, » produisit pour les
pauvres la somme de 945 francs 70 c. (2).

Le 20 germinal même année, une grande fête fut célé-
brée à l'occasion du traité de Lunéville. A 10 heures, le
cortège composé de la troupe, du Sous-préfet, du Maire
et de ses adjoints, des fifres et tambourins, parcourut la
ville pour faire des publications. Des hymnes furent chantés à grand orchestre. A deux heures, il y eut un grand
banquet à la Mairie. Un ballon fut lancé à la Rotonde.
Le soir, on représenta au théâtre deux pièces de circonstance intitulées, l'une la *Piété filiale* ou la *Jambe de bois*,
et l'autre les *Fêtes de la paix* ou le *Triomphe de Bonaparte*.
Après le spectacle, bal paré et masqué (3).

La phrase suivante, qui se trouve dans une lettre adressée le 2 thermidor an 10, par le Maire au citoyen Colson,
directeur de spectacle à Marseille, donne à entendre que ce
directeur était avantageusement connu à Aix : « Vous
« pouvez compter sur notre agrément pour venir, l'hiver
« prochain, exercer dans notre ville. Nous espérons que
« vous continuerez vos efforts pour vous attirer, comme
« par le passé, l'estime et le suffrage de nos conci-
« toyens (4). »

Les documents sur le théâtre sont très rares pour les
premières années de l'Empire ; quelques lettres adressées

1 Bibliothèque de M. Arbaud.
2 Archives communales. Registre des délibérations.
3 Archives communales. Registre des délibérations.
4 Archives communales. Registre de la correspondance.

par le Maire au Préfet ou au Sous-Préfet indiquent seulement que, de temps en temps, des artistes ambulants venaient donner des représentations. Il est probable, cependant, que des troupes fixes durent se former à partir de 1806, date du décret qui imposait aux directeurs l'autorisation préalable ; mais nous n'avons, à ce sujet, aucune indication certaine (1).

Il faut aller jusqu'à l'année 1812 pour avoir quelques détails précis qui sont consignés dans un recueil d'*Affiches, annonces et avis divers* (2), formant en quelque sorte la continuation des *Affiches de Provence*. Le numéro du 22 février rend compte de la première représentation d'une comédie en 5 actes, d'Etienne, intitulée les *Deux gendres*. Les principaux interprètes étaient MM. Cochère, Sellier, Montroze ; Mme Honoré, Mlle Morin. On joua ensuite *Amour et mystère*, pièce dans laquelle « Mme Sellier se « montra pleine de finesse et de grâce. » Aux représentations suivantes, on donna l'*Intrigue de carrefour*, *Beverlay d'Angoulème*, la *Chatte merveilleuse*. Enfin, le numéro du 4 mars parle avec éloges de *Françoise de Foix*, opéra de Henri Berton, qui avait été représenté le dimanche 1er mars. Voici comment sont appréciées la pièce et l'inter-

---

1 Tout ce qu'on peut dire sur cette période, c'est que l'autorité était très sévère pour les fauteurs de désordre, quels qu'ils fussent. Une note manuscrite trouvée en marge des *Rues d'Aix*, à la Bibliothèque de M. Arbaud, et attribuée à M. T. Sabatier, dit que, en 1809, les étudiants faisaient souvent du tapage au théâtre. Or, les agents de police ayant, un soir, mis la main au collet d'un jeune homme qu'ils avaient remarqué parmi les plus turbulents, celui-ci déclara être le fils de M. Thibaudeau, préfet des Bouches-du-Rhône. Les agents eurent un moment d'hésitation ; mais, le Commissaire de police, M. Belliard, intervenant dit au jeune homme : « Ah ! vous êtes le fils de « M. le Préfet, et vous donnez le mauvais exemple. Eh bien ! non seulement « vous irez au violon, mais encore on va vous attacher. » ; et c'est ce qui eut lieu. Cependant, le Commissaire de police crut devoir aller, le lendemain à Marseille, mettre M. Thibaudeau au courant de l'affaire. Le Préfet approuva complètement ce qui avait été fait, et ordonna que l'on gardât son fils en prison 48 heures de plus que les autres jeunes gens arrêtés.

2 Bibliothèque Méjanes. Salle F. n° 1182.

prétation : « *Françoise de Foix* qu'on a joué dimanche
« dernier, est un opéra que les amateurs de bonne musique
« s'empresseront toujours de revoir. Les rôles de François
« 1ᵉʳ, de Françoise de Foix et d'Edmond fixent, à eux
« seuls, l'attention du spectateur... M. Sellier a le phy-
« sique qui convient au rival de Charles-Quint. Mᵐᵉ Sel-
« lier a mis dans son rôle la retenue, la décence et la no-
« blesse qui conviennent à ce rôle. Mˡˡᵉ Morin a joué le
« page avec finesse et distinction... Je n'ai jamais rien
« entendu de plus pitoyable que le chœur du 3ᵉ acte, en
« général, les chœurs sont mal rendus. »

Une lettre du Maire au Sous-Préfet fait connaître que le
théâtre fut exploité, en 1812-13, par une Société d'artistes
dont les principaux étaient Mᵐᵉˢ Chapus, 1ᵉʳ rôle ; Garnier,
jeune 1ʳᵉ ; Marius, soubrette. MM. Souvrai, 1ᵉʳ rôle ;
Croizier, père noble ; Flavigny, 1ᵉʳ comique ; Chapus,
jeune 1ᵉʳ. Le Maire ajoute : « Les artistes plaisent au pu-
« blic et quelques-uns d'entre eux ont des talents distin-
« gués. » Ces artistes furent informés, le 15 janvier 1813,
que le Ministre de la police avait ajourné la représentation
de *Pierre le Grand*, de la *Chaumière moscovite*, du *Me-
nuisier de Livonie*, de *Une visite à Sᵗ-Cyr* et « de tous ou-
« vrages qui contiendraient des passages favorables à la
« Russie ou à ses souverains (1). »

Par une lettre du 13 avril 1813, le Maire recommande
aux Commissaires de police de ne laisser jouer sur aucun
théâtre public ou particulier, la comédie intitulée l'*Intri-
gante* ni la parodie qui en a été faite. Le 7 janvier 1814,
le sieur Combettes, régisseur du théâtre, est informé que
les représentations de *Gabrielle d'Estrées* et de *Tarare*
(paroles de Beaumarchais, musique de Salieri), sont ajour-
nées jusqu'à nouvel ordre.

Ces interdictions de pièces très peu subversives montrent

---

1 Ces documents et ceux qui vont suivre sont tirés des Archives communales. (Registres des délibérations et de la correspondance.)

que, sous le régime impérial, la censure s'exerçait sévèrement sur les théâtres. Il est vrai que la Restauration qui
allait succéder à l'Empire, ne leur fut pas plus favorable.
Je citerai, à ce propos, la lettre par laquelle M. Dubour-
guet, maire d'Aix, fait savoir, le 1er novembre 1815, aux
Vicaires-généraux capitulaires que, « d'après l'ordre posi-
« tif qu'il en a donné, les comédiens ne joueront pas ce
« jour-là (fête de la Toussaint), et que les fidèles pourront
« consacrer la journée aux exercices pieux que la religion
« commande, sans être distraits par aucun spectacle pro-
« fane. »

Pour l'année 1816-17, l'exploitation fut confiée à M.
Gamas, directeur du théâtre d'Avignon, qui envoya une
troupe d'opéra et se fit représenter à Aix par son chef d'orchestre M. Faujaud. On fut très mécontent de cette troupe
que le Maire appréciait de la manière suivante en écrivant
au directeur, le 3 janvier 1817 : « Il est impossible d'avoir
« une troupe plus mauvaise et plus incomplète. Je vais
« aviser M. le Ministre de l'Intérieur pour le prier de
« prendre des mesures à cet égard et de m'autoriser à trai-
« ter, pour l'année prochaine, avec le directeur du théâtre
« de Marseille. »

Ce fut, en effet, M. Langle, directeur à Marseille, qui eut
en 1817-18, la direction du théâtre d'Aix ; il la conserva
pendant plusieurs années (1). Le fait le plus important de
cette saison fut l'apparition sur la scène du grand tragédien Talma. Le rapport adressé, à cette occasion, par le
Maire au Préfet, fait connaître que les représentants de
l'autorité craignaient que le passage du célèbre artiste,
ancien favori de l'Empereur, ne donnât lieu à des manifestations hostiles au gouvernement. Voici quelques
extraits de ce rapport, qui porte la date du 6 avril 1818 :

1 Précédemment, le théâtre d'Aix avait été souvent exploité par la troupe
de Marseille, notamment en 1730, en 1769 et années suivantes. (André Goui-
rand : *La Musique en Provence*, p. 141 et 143.)

« Le spectacle d'hier a été fort tranquille malgré le bruit
« répandu dans le public et les avis multipliés que j'ai
« reçus. Quoique l'affluence n'ait pas été aussi grande
« qu'on le croyait, sans doute, à cause du prix des places
« un peu trop élevé, le parterre contenait néanmoins plus
« de 600 personnes (1). Talma, fort bien accueilli par le
« public lorsqu'il a paru, a été généralement applaudi
« pendant toute la pièce et, à la fin, demandé par toute
« la salle, il a été encore vivement applaudi lorsqu'il s'est
« présenté. On n'a remarqué ni affectation ni acharnement
« dans ces applaudissements mérités. Je me flatte que la
« même tranquillité règnera dans les autres représenta-
« tions. »

Ce rapport nous apprend donc que Talma fut très
applaudi, et qu'il donna plusieurs représentations sur
notre scène. Il est fâcheux que les titres des pièces qu'il
joua n'aient pas été conservés.

Pendant les années 1819 et 1820, des scènes tumultueuses
entravèrent quelquefois les représentations. Le 17 février
1819, le Maire informait le Préfet que, la veille, des étudiants au nombre de 12 à 15, réunis aux 3es loges, sifflèrent
à outrance une actrice, dès qu'elle parut sur la scène ; de
toutes les parties de la salle, on cria : « A bas les sifflets. »
L'un des étudiants provoqua le public en termes très gros-
siers. Un garde de ville étant intervenu, fut menacé d'être
jeté dans le parterre. On conduisit en prison un des tapa-
geurs, et le spectacle continua tranquillement.

L'année 1820-21, le théâtre étant exploité par le sieur
Bernette, avec le titre de régisseur, de nouveaux troubles
éclatèrent par suite de querelles entre étudiants et habitants
de la ville. Cette fois, le Maire décida, le 30 mars, que la
salle serait fermée jusqu'à nouvel ordre.

Ce magistrat prévint, le 9 octobre 1821, M. Vidal, délé-
gué par le directeur privilégié des théâtres d'Aix et de

---

1 Il n'y avait pas encore des bancs au parterre.

Marseille, que des modifications à apporter à la salle allaient retarder, jusqu'après la Toussaint, l'ouverture de la saison. La principale de ces modifications consistait dans la fermeture des communications entre la salle et la scène. Cette mesure ne fut pas acceptée sans protestation; et le rapport du Maire au Sous-Préfet, en date du 16 novembre, dit que : « Au sujet de la défense d'aller sur le « théâtre pendant la représentation, les étudiants ont « essayé de résister ouvertement aux ordres de l'autorité « et ont insulté les agents... Puis, ils quittèrent la salle « et se réunirent au café de l'*Elisée*, sur le cours, où ils « s'engagèrent, sous peine de 200 francs d'amende, à ne « plus aller au spectacle. » Le résultat de ce conflit fut la dislocation anticipée de la troupe.

Les soirées des 21 et 22 mars 1823 furent signalées par des scènes violentes, sur lesquelles je donne ci-après quelques détails puisés dans les rapports adressés par le Maire au Sous-Préfet : « Le 21 mars, au milieu de la « représentation de l'opéra d'*Euphrosine* (1), le parterre « demanda le *Chant français* (2). Aux premières, on « demanda la continuation de la pièce. Le sieur Montrose « vint annoncer qu'il allait chanter le chant demandé. « Applaudissements au parterre. Cris de : « non, non, c'est « défendu. » Montrose commença, et les mêmes cris se « renouvelèrent. Deux des opposants furent sommés par « le commissaire de sortir de la salle, et le *Chant français* « fut continué. Au moment de commencer la seconde pièce, « on demanda la *Colonne* (3) ; le parterre répondit en « demandant l'Air de *Vive Henri IV*. L'orchestre reçut « l'ordre de jouer cet air qui fut exécuté aux applaudisse- « ments du parterre et de la presque totalité de la salle,

---

1 *Euphrosine et Conradin ou le tyran corrigé*, de Méhul.

2 Ce *Chant français* ne paraît pas avoir eu beaucoup de retentissement. Je n'ai pu m'en procurer les paroles ; quant à l'air, qui est assez vulgaire, on le trouve dans la *Clé du Caveau*. Bibliothèque Méjanes, G. 2976.

3 Chanson patriotique d'Emile Debraux, auteur de : *T'en souviens-tu*.

« malgré quelques sifflets et des cris de *Malborough s'en*
« *va-t-en guerre*. La pièce du *Petit matelot* (opéra de
« Gaveaux),fut ensuite écoutée avec beaucoup de calme...»

« Le lendemain, le spectacle commença par *Françoise*
« *de Foix* ; au début du 2ᵉ acte, le public demanda le
« *Chant français* ; en attendant, l'orchestre joua l'air de
« *Vive Henri IV* ; puis le *Chant français* ayant été rede-
« mandé, un acteur se présenta, mais il ne put commencer,
« l'opposition se manifestant par des cris et des battements
« de main ironiques. Des voies de fait s'étant produites
« dans le parterre, je fis inviter (c'est toujours le Maire
« qui parle) les citoyens royalistes à se ranger sur la droi-
« te pour isoler les turbulents. Le *Chant français* commen-
« ça ; les deux premiers couplets furent couverts d'ap-
« plaudissements, et le refrain répété en chœur. Alors
« les étudiants sortirent en masse et se mirent à chanter :
« *Malborough s'en va-t-en guerre* ; puis ils s'arrêtèrent
« sur le cours en criant : *Vive la Constitution, Vive*
« *Manuel, Vive la République.* Au théâtre, plusieurs
« individus furent arrêtés ; on saisit un pilon en buis entre
« les mains d'un jeune homme. »

Il résulte de ces rapports que les passions politiques
étaient très surexcitées à cette époque ; et que le public,
divisé en royalistes et libéraux, se livrait parfois à de violentes manifestations en sens opposé. Il est à remarquer
que le parti libéral était représenté surtout par les étudiants
qui, en chantant *Malborough s'en va-t-en guerre*, vou-
laient trés probablement tourner en ridicule le duc d'An-
goulême, commandant en chef de l'expédition d'Espagne.

En 1823-24, le directeur de Marseille, M. Chapus,
obtint le privilège pour l'arrondissement d'Aix ; mais
il céda ses droits à un sous-traitant, M. Bourson.
L'année suivante, M. Chapus renonça à la direction du
théâtre d'Aix ; seulement cette renonciation fut connue
trop tard pour qu'on pût se procurer une troupe ; et le

Maire écrivit au Sous-Préfet, le 14 janvier 1825, pour lui dire que « probablement jusqu'à la nouvelle année théâ- « trale, on ne pourra pas avoir de spectacle à Aix. »

La non-exploitation du théâtre pendant l'année 1824-25, donna lieu à des contestations entre la municipalité et les propriétaires de la salle, M. Mouret et Mme Dele- mer. Ces derniers, se basant sur ce que plusieurs repré- sentations avaient été données au cours de la saison, récla- maient les 1600 francs de loyer annuel que la ville, pour faciliter les directeurs, avait pris à sa charge depuis 1822. A quoi le Maire répondit que « si le sieur Perlet « artiste de Paris, était venu cinq ou six fois à Aix avec « quelques acteurs de la troupe du sieur Chapus, on ne « pouvait regarder ces représentations isolées comme « une exploitation véritable. »

Pour l'année 1825-26, la direction du 18ᵉ arrondisse- ment fut accordée au sieur Dorval. Le tableau de sa troupe, adressé au Préfet le 6 juillet 1825 (1), indique qu'il dut séjourner à Aix du 1ᵉʳ octobre 1825 au 31 jan- vier 1826. Ses principaux sujets étaient : MM. Pagès, 1ᵉʳ rôle ; Leroux, jeune 1ᵉʳ et colin ; Victor, haute-contre ; Saint-Armand, père noble ; Crémon, maître de musique. MM^mes Montval, 1ᵉʳ rôle ; Sorant, jeune première et dugazon ; Garnier, mère dugazon ; Carré, duègne. Son répertoire contenait des tragédies, des comédies, des vaudevilles et quelques petits opéras-comiques tels que : le *Bouffe et le tailleur*, les *Rendez-vous bourgeois*, le *Tableau parlant*, *Blaise et Babet*, l'*Epreuve villageoise*, etc.

Le privilège fut maintenu à Dorval jusqu'en 1828. Sa gestion ne présente pas d'évènements bien saillants. Il y avait pourtant toujours, dans le public, quelques esprits frondeurs : Ainsi, le 23 février 1827, il fut dressé procès-verbal contre un sieur M... de Brignoles, étu-

¹ Archives départementales. (Dossier du théâtre d'Aix).

diant, qui avait fait entendre un coup de sifflet au moment où, dans l'opéra intitulé *Lulli et Quinault*, l'acteur prononça ces paroles : « *le Roi veut tout savoir* « *par lui-même et récompenser le mérite.* »

La municipalité, pour ne plus avoir à payer le loyer de la salle de spectacle, fit, en 1828, l'acquisition de cette salle et d'une maison attenante (1). La convention fut signée, le 12 novembre 1828, par M. le Maire et MM. Mouret et Pontier, ce dernier représentant Mme Delemer, co-propriétaire. Le prix d'achat fut de 50.000 francs, dont 40.000 pour la salle et 10.000 pour la maison.

En 1828-29, un aixois, M. Reynaud, exploita le théâtre en qualité de régisseur. Nommé directeur l'année suivante, il conserva le privilège jusqu'en 1831-32.

Pendant une partie de la saison 1828-29, l'emploi de second chef d'orchestre fut occupé par Félicien David, alors âgé de 18 ans. Le futur auteur du *Désert*, nommé la même année, Maître de chapelle à Saint-Sauveur, ne conserva pas longtemps ses fonctions au théâtre ; et il dut y renoncer sans regret, car il eut quelquefois à souffrir de l'humeur querelleuse de certains comédiens. A ce sujet, je tiens d'un ancien artiste de l'orchestre, qu'un soir, à la représentation d'un vaudeville, le jeune David accompagnant les couplets, fut si vivement apostrophé par un acteur qu'il ne put retenir ses larmes.

Le 24 juin 1830, M. Reynaud reçut avis qu'une subvention de 1.500 francs lui avait été allouée par le conseil municipal, pour 1831 (2).

L'année 1832-33, M. Reynaud ayant pris la direction

---

1 Archives municipales. Délibération du 2 juillet 1828.

2 Anciennement, les directeurs avaient été quelquefois subventionnés, mais depuis longtemps ils ne recevaient plus aucun subside. Dorénavant, la subvention va devenir indispensable pour avoir une troupe d'opéra ; et cette subvention s'élèvera graduellement de 1.500 francs jusqu'à 20.000, son chiffre actuel.

à Nice, et paraissant se soucier fort peu de continuer l'exploitation du théâtre d'Aix, fut mis en demeure d'ouvrir la saison avant le 20 octobre 1832. Sur sa réponse qu'il ne viendrait à Aix que si la ville était disposée à faire des sacrifices, le Maire traita avec un directeur de troupe ambulante, nommé Belford, qui ne demandait aucune subvention, et qui fit débuter ses artistes le 7 décembre.

Le Maire présenta au Ministre, pour l'année 1833-34, deux aixois, MM. Blanchard et Hortos, qui étaient, disait-il, « versés dans la partie théâtrale. » Le Ministre approuva ces choix, et délivra le brevet de directeur du 18ᵉ arrondissement à Blanchard, l'un des associés.

Cette première année d'exploitation fut assez bonne. Le conseil municipal, voulant encourager les directeurs, leur accorda une indemnité de 1.000 francs. Mais, l'année suivante fut bien moins heureuse ; et, vers la fin de janvier 1835, Blanchard, ne pouvant plus payer les appointements de ses artistes, se vit obligé d'arrêter les représentations, et annonça, par des affiches, qu'il rembourserait les abonnements versés. Afin d'éviter la fermeture du théâtre, le Maire chargea provisoirement de la direction M. Gourdon, artiste de la troupe ; et la saison put ainsi être terminée.

Par arrêté ministériel du 5 mars 1835, M. Gourdon fut nommé directeur titulaire du 18ᵉ arrondissement pour 1835-36. On apporta, cette année, quelques changements aux dispositions de la salle ; le plus notable de ces changements fut la pose de bancs au parterre où, jusqu'alors, le public était resté debout. Cette innovation devait, d'après la délibération du conseil municipal, « assurer « l'ordre et la tranquillité au parterre. » On décida, de plus, de construire cinq nouvelles loges aux secondes (1).

Malgré ces améliorations et malgré la subvention de

---

1 Archives municipales. Délibération du 26 octobre 1835.

2.000 francs votée par le conseil, la saison ne fut probablement pas fructueuse pour le directeur car, au moment
où le théâtre aurait dû s'ouvrir, la ville venait d'être
ravagée par une épidémie terrible de choléra. Une lettre
adressée, le 1ᵉʳ août 1835, par le Maire à M. Gourdon,
qui se trouvait alors à Tarascon, lui dit : « Il est inutile
« de songer à venir à Aix ; la ville est déserte ; il ne
« faudra venir que lorsqu'on sera rentré. »

M. Gourdon exploita encore le théâtre en 1836-37,
mais il mit du retard à présenter sa troupe ; et le Maire,
par une lettre du 3 novembre 1836, manifestait la sur-
prise que lui causait ce retard, ajoutant : « si vous diffé-
« riez plus longtemps, on pourrait vous refuser l'indem-
« nité. »

Pour motiver son retard, M. Gourdon répondit qu'il
lui manquait deux artistes. Il finit pourtant par venir, en
décembre, avec son personnel, dont la municipalité et
le public durent être satisfaits, puisque le directeur obtint
le renouvellement de son privilège pour l'année suivante.
Mais, il renonça à ce privilège avant l'ouverture de la
nouvelle saison théâtrale.

1837-38. Direction Lacoste.

M. Gourdon s'étant retiré, la direction fut confiée au
chef d'orchestre de la troupe, M. Lacoste, qui obtint une
subvention de 2.000 francs.

Dès les 1ᶜʳˢ débuts, on vanta les mérites de Mᵐᵉˢ Moreau, 1ʳᵉ chanteuse, et Lacoste, dugazon. M. et Mᵐᵉ
Modeste, laruette et duègne, artistes connus à Aix,
furent revus avec plaisir, ainsi que Mᵐᵉ Romanville,
mère dugazon, qui avait déjà fait partie de la troupe, et
allait rester attachée au théâtre, presque sans interruption, pendant plus de 30 années.

Les représentations venaient à peine de commencer,
lorsque parut, à la date du 18 novembre 1837, le 1ᵉʳ

numéro du *Mémorial d'Aix,* journal politique, littéraire
et artistique. Les chroniques théâtrales publiées par le
Mémorial à ses débuts (auxquelles je me permettrai
d'emprunter quelques citations) sont d'autant plus utiles
à consulter qu'elles émanent, presque toutes, d'un
écrivain très compétent, M. Silvain Saint-Etienne, qui
signait ses articles ZZ (1). Il devint plus tard un des cri-
tiques musicaux les plus autorisés de la presse parisienne.

Le 20 novembre, la *Dame blanche* avait attiré la foule
au théâtre. Le rôle de Georges Brown allait être chanté
par Marius Audran, ténor aixois appelé à un grand avenir. Après un court séjour au Conservatoire de Paris, ce
jeune artiste venait de se fixer à Marseille où il continuait
ses études sous la direction d'Etienne Arnaud, le célèbre
compositeur de romances (2).

Audran était donc à ses premiers débuts lorsqu'il vint
à Aix chanter la *Dame blanche* ; il n'obtint pas moins
un grand succès, qui se renouvela quand il parut, quelques
jours après, dans le *Pré aux clercs.*

En donnant le compte-rendu de cette dernière représentation, *le Mémorial* décerna de vifs éloges à M. Buxo
qui avait exécuté le solo de violon au 2ᵉ acte : « Toutes
« les difficultés du violon semblaient s'être réunies sous
« son archet : gammes chromatiques, arpèges, piqués à
« la Paganini (probablement le *staccato*) ; il a fait de tout
« cela un petit concerto (3). »

A propos d'une représentation du *Rossignol,* opéra de
Lebrun, le même journal dit que « les gazouillements

---

¹ Renseignement fourni par J.-B. Gaut dans le *Mémorial* du 15 février
1874.

² Audran débuta, la même année (1837), au grand théâtre de Marseille, et
fut ensuite à Bruxelles. Bordeaux, Lyon. Il se rendit à Paris en 1842, et tint
vaillamment, pendant de nombreuses années, l'emploi de 1ᵉʳ ténor à l'O-
péra-comique.

³ M. Buxo, artiste étranger, s'était fixé à Aix comme professeur de violon,
mais il n'y fit pas un long séjour.

« mélodieux de la flûte de M. Durand furent accompa-
« gnés d'une longue salve d'applaudissements et de
« bravos (1). »

Voici, pour faire connaître le répertoire de l'époque, les titres des principaux ouvrages représentés pendant la saison :

Opéras : le *Pré aux clercs*, le *Nouveau seigneur du village*, le *Postillon de Lonjumeau*, la *Dame blanche*, *Lestocq*, *Lully et Quinault*, *Joconde*, *Cendrillon*, le *Diable à quatre*, *Joseph*, le *Maçon*, *Aline*, la *Maison isolée*, *Fra-diavolo*, la *Muette*, *Gulistan*, le *Rossignol*, le *Cheval de bronze*, *Robin des bois*, les *Visitandines*, *Paul et Virginie* (de Kreutzer), *Tancrède*, *Zampa*, la *Pie voleuse*, l'*Ambassadrice*.

Drames, comédies et vaudevilles : *Catherine Howard*, *Gaspardo le pêcheur*, le *Démon de la nuit*, la *Nonne sanglante*, *Clotilde*, les *Enfants d'Edouard*, *Trente ans ou la vie d'un joueur*, la *Tour de Nesle*, *Lucrèce Borgia*, *Latude*, *Tartufe*, le *Gamin de Paris*, *Titi le talocheur*, le *Vieux garçon*, *Bobéche et Galimafré*, le *Tourlourou*.

1838-39. Direction Perrin.

La direction avait été donnée à M. Reynaud (proba-blement l'ancien directeur de 1828 à 1831) ; mais, com-me il ne put réussir à former sa troupe, on le remplaça par M. Perrin, qui avait administré le théâtre de Nîmes.

A la première représentation, donnée le 18 novembre, Mme Dorsan-Brunet, 1re chanteuse, obtint de vifs applau-dissements dans le *Maître de chapelle*. M. Arnaud-Brunet, fut un excellent Barnabé. Cet artiste possédait une voix d'une si grande étendue que, outre les rôles de baryton

---

1 M. Durand était le père de M. Adolphe Durand, actuellement professeur à l'Ecole nationale de musique, qui a lui-même tenu dignement, de 1876 à 1898, le pupitre illustré jadis par son père.

pour lesquels il était engagé, il put chanter pendant l'année, et non sans succès, les rôles de fort ténor dans la *Juive* et *Robert le diable.*

Peu de temps après les débuts, la célèbre tragédienne Mlle George, vint jouer la *Tour de Nesle.* La grande artiste était arrivée à son déclin, et reçut un accueil assez froid.

La *Juive,* donnée à Aix pour la première fois, le 12 mars, avait tellement attiré le public que la salle se trouva comble une heure avant le lever du rideau. M. et Mme Brunet, dans les rôles d'Eléazar et de Rachel, furent les héros de la soirée ; les chœurs firent de leur mieux ; il n'y eut des plaintes qu'au sujet de la mise en scène.

Plusieurs incidents se produisirent le 21 avril, à la représentation de clôture. L'affiche annonçait le *Postillon de Lonjumeau ;* mais, au dernier moment, on dut remplacer cet opéra par le vaudeville de *Michel et Christine,* ce qui mécontenta vivement le public. Des cris et des coups de sifflet retentirent. Le régisseur dit qu'on ne pouvait pas jouer l'opéra annoncé parce que le propriétaire de la partition n'avait pas voulu la prêter. Quelques spectateurs se firent rembourser le prix de leurs places ; et, pour comble de malheur, un huissier vint saisir la recette au nom du costumier.

1839-40. Direction Perrin, puis Arnaud-Brunet.

Les débuts eurent lieu, le 15 décembre, par la *Dame blanche.* Une partie du public applaudissait, tandis que l'autre murmurait. Les artistes qui reçurent le meilleur accueil furent M. et Mme Brunet dont on avait apprécié les talents, l'année précédente.

Après une représentation de la *Prison d'Edimbourg* (opéra de Carafa), donnée le 19 janvier, la troupe tomba en dissolution ; et M. Arnaud-Brunet fut nommé directeur en remplacement de M. Perrin, démissionnaire.

En mars, Rouvière (du Théâtre français) parut dans *Othello, Hamlet,* la *Tour de Nesle.* Il joua chacun de ces ouvrages avec chaleur et intelligence ; mais on lui reprocha de changer quelquefois sa déclamation en cris exagérés.

La *Dame blanche* et le *Chalet* avaient été annoncés pour le 26 mars ; mais ces deux opéras furent remplacés, dit le *Mémorial,* par une comédie dans laquelle le public joua le principal rôle avec accompagnement de sifflets ; des colloques se produisirent entre le parterre et le régisseur. Le vacarme étant arrivé à son comble, la toile fut baissée par ordre de l'autorité.

1840-41. Direction Arnaud-Brunet.

En attendant les débuts, M. David, 1er sujet du Théâtre français, donna plusieurs pièces de Corneille, Racine et Molière.

Le 17 novembre, un poète italien, le chevalier Savon, improvisa une tragédie sur un sujet qui lui fut indiqué par le public (Marie Stuart). Une tragédie improvisée en italien devant des auditeurs qui, la plupart, ne connaissaient pas cette langue ! Voilà un spectacle vraiment extraordinaire. On entendit, le même soir, un Air varié de de Bériot exécuté par M. Wanski (1), violon solo, successeur de M. Silvestre (2).

La première représentation, à Aix, de *Lucie de Lamer-*

---

[1] Après avoir parcouru l'Angleterre, l'Italie et la France en donnant des concerts, M. Wanski, réfugié polonais, vint, en 1840, s'établir à Aix, et occupa l'emploi de violon solo jusqu'en 1878. C'était un artiste de talent, excellant dans l'exécution de la musique classique. Il est décédé en 1888, âgé de 84 ans.

[2] M. Silvestre quittait le théâtre pour se consacrer entièrement à ses fonctions de maître de chapelle à la Métropole, fonctions qu'il a conservées pendant vingt-sept années, au cours desquelles il a doté la Maîtrise de nombreuses compositions qui, toutes, dénotent chez leur auteur une riche organisation musicale.

moor, fut, le 20 novembre, un des grands évènements de l'année théâtrale. Le chroniqueur du *Mémorial* dit être resté « sous le charme de cette belle musique. » De son côté, un nouveau journal, le *Cygne* (dont la collection m'a été bienveillamment communiquée par M. Lucien Sauze), après avoir dit que Mme Brunet s'était montrée excellente musicienne, mais qu'elle avait un peu manqué d'entrain et de chaleur, ajoutait : « L'ensemble a été bon « grâce à M. Provini (1) qui a présidé à la mise en scène : « il a donné les mouvements exacts qu'il tenait de Doni- « zetti lui-même. » Ainsi, le public aixois eut la bonne fortune d'entendre, en 1840, chanter *Lucie* dans les mouvements indiqués par l'auteur. Mais, depuis lors, ces mouvements ont dû subir bien des modifications et être soumis, comme ceux de tous les autres opéras, à une accélération générale et souvent exagérée.

En janvier, deux comiques parisiens, Joseph Kelm et André Offmann, amusèrent bien le public, le premier en faisant la charge des artistes célèbres, le second en débitant des scènes comiques.

Une comédie composée par un amateur, intitulée les *Etudiants en droit*, subit un échec complet, et ne put être terminée.

Pour clôturer la saison d'une manière brillante, M. Brunet monta *Guillaume Tell*, qu'on n'avait pas encore entendu à Aix. Le compte-rendu qu'en donne le *Cygne* du 28 mars, semble indiquer que le chef-d'œuvre de Rossini obtint un plein succès : « M. Brunet s'est sur- « passé dans le rôle d'Arnold ; M. Dumouchel, quoique « faible, a été applaudi dans le rôle de Guillaume ; Mme « Brunet était très bien disposée ; la jeune Caroline « Duval, âgée de 12 ans, a joué le rôle de Jemmy d'une « façon intéressante. » L'article se termine par l'éloge

---

1 M. Provini venait de se fixer à Aix en qualité de professeur de chant.

de M. Pagès, chef d'orchestre et de M. Baudry, violon-
celle solo (1).

1841-42. Direction Arnaud-Brunet.

Des cris et des coups de sifflet troublèrent la représentation de *Guillaume Tell* donnée le 10 novembre.
Cette manifestation était à l'adresse de M. Arnaud-
Brunet, qui se trouvait enroué ce soir-là. On attribua la
cause de cet enrouement au voyage que venait de faire
M. Brunet à Marseille où, en compagnie de Mᵉ Lefebvre,
sa 1ʳᵉ chanteuse, il avait joué *Lucie de Lamermoor*. Bien
que ce déplacement du directeur et de la *prima dona* fit
honneur au théâtre d'Aix, il déplut au public, qui exhala
sa mauvaise humeur en sifflant M. Brunet.

Mᵉ Lefebvre s'étant refusée à chanter le rôle de Rachel
dans la *Juive,* le directeur lui intenta un procès en dom-
mages-intérêts ; mais, il fut débouté par le tribunal de
commerce jugeant, avec raison, que Rachel n'est pas un
rôle de chanteuse légère. Ce procès fit un certain bruit ; et
l'on prétendit que la source de la querelle était dans la
rivalité artistique existant entre Mᵉ Lefebvre et Mᵐᵉ
Brunet.

L'éclairage au gaz fut inauguré au théâtre le 25 janvier. A cette occasion, on installa un nouveau lustre.

La première représentation de la *Favorite* eut lieu le
1ᵉʳ février. Cet opéra qui, depuis lors, a été donné tant

¹ M. Baudry, décédé en 1899, à l'âge de 86 ans, fit partie de l'orchestre
pendant plus de soixante années. C'était surtout un excellent professeur ;
il forma, à l'Ecole de musique, des élèves qui ont fait honneur à cet établissement. Trois de ces élèves, MM. Cabassol, Ernest Bruguier et Léon Pourcel, ont pu entrer au Conservatoire de Paris, le premier en passant par
l'Ecole de Marseille, les deux autres en sortant directement de la classe de
M. Baudry. MM. Cabassol et Ernest Bruguier, demeurés à Paris, ont fait
partie, pendant longtemps, de l'orchestre de l'Opéra ; et M. Léon Pourcel,
qui est venu s'établir à Aix où son talent est très estimé, a remplacé M.
Baudry au théâtre et à l'Ecole nationale de Musique.

de fois sur notre scène, n'obtint pas, tout d'abord, un éclatant succès. On le trouva inférieur à *Lucie* ; et le 4e acte, seul, obtint grâce devant la critique.

Un ouvrage plus important encore, les *Huguenots*, fut représenté pour la 1re fois en mars. Son exécution attira des éloges aux principaux interprètes : MM. Brunet, Duverger (basse) ; Mmes Brunet, Lefebvre, Duval.

1842-43. Direction Bremens.

M. Bremens étant, en même temps, directeur des théâtres d'Aix et de Nice, se faisait représenter à Aix, pendant ses absences, par M. Darmand son régisseur, qui prit la direction l'année suivante.

Le soir des débuts, 27 novembre, on siffla le ténor dès son entrée en scène dans *Lucie*. La chanteuse, Mlle Lamy, jeune débutante âgée de 17 ans, avait une voix agréable, mais elle n'était pas comédienne et chantait un peu en écolière. L'orchestre, dirigé provisoirement par M. Aubert, d'Aix, manquait complètement d'ensemble.

Cependant, les artistes étaient, en général, plus favorablement appréciés par le parterre que par les habitués des loges et des galeries. Cette diversité d'appréciation faillit tourner au tragique ; et, le 4 décembre, pendant une représentation de *Robert*, on vit les spectateurs du parterre envahir les premières et malmener les opposants.

La représentation capitale de la saison fut celle du 9 mars, à laquelle prêta son concours M. Silvain, ténor renommé, originaire d'Aix. On joua *Masaniello*, opéra de Carafa ; à 6 heures, toutes les places étaient occupées, et plus de 200 personnes ne purent entrer. Silvain reçut de vives acclamations.

La clôture eut lieu le 3 avril. On donna *Lucie* devant un public peu nombreux, avare d'applaudissements.

— 43 —

Cependant, un rameau en sucrerie (rampau) fut offert à Mlle Lamy, pour lui rappeler, sans doute, qu'elle était encore bien jeune.

Il y eut, le lendemain, un brillant concert donné au bénéfice des sinistrés de la Guadeloupe. Au programme, figuraient deux ouvertures à grand orchestre ; des variations pour piano et violon exécutées par MM. Darboville et Millont, artistes marseillais ; une cantate pour les victimes de la Guadeloupe, paroles de Chaubet (1), musique de Silvestre, chantée par le chœur Saint-Etienne (2). Enfin, M. Richelme, artiste aixois qui s'était acquis une grande réputation en tenant, d'une manière distinguée, l'emploi de 1er ténor à Marseille et dans plusieurs autres grandes villes, prit part à cette œuvre de bienfaisance ; il chanta l'air de *Zampa*, un de ses meilleurs morceaux, et ensuite, avec Mlle Lamy, le duo de *Guillaume Tell*.

1843-44. Direction Darmand.

Les premières soirées furent orageuses ; mais la situation s'améliora à l'arrivée d'une nouvelle chanteuse et de M. Silvain, 1er ténor. M. Silvain, qui avait été très applaudi, l'année précédente, dans *Masaniello*, venait de se retirer du théâtre après une longue et brillante carrière ; et ce ne fut que pour rendre service à M. Darmand, son beau-frère, qu'il consentit à donner encore quelques représentations. La première de ces représentations coïncida, le 7 décembre, avec les débuts de Mlle Lemesle, 1re chanteuse, et de M. Hanoë, basse. *Le Barbier* fut rendu, au dire des journaux, d'une manière très satisfaisante par ces trois artistes.

[1] Charles Chaubet avait publié, dans la presse aixoise, des poésies et des articles littéraires. En 1838, il dirigeait le journal l'*Auréole*, dont l'existence fut très courte. Plus tard, il se rendit à Paris où il vécut du produit de sa plume jusqu'à un âge avancé.

[2] Société chorale créée et dirigée par Silvain Saint-Etienne.

La saison se termina, comme elle avait commencé, par des scènes bruyantes, qui sont consignées dans le *Mémorial* : « Le dimanche 17 mars, quelques voix demandent « la *Marseillaise* qui est chantée aussitôt. Mais, le mardi « suivant, on veut entendre les couplets de *Charles VI* « (Guerre aux tyrans) ; l'autorité refuse et fait évacuer « la salle par la force armée. »

Le jeudi 21, l'affiche annonçait un opéra nouveau, le *Roi d'Yvetot*. Au commencement du spectacle, le public réclama de nouveau *Charles VI*. Nouvelle évacuation de la salle, et fermeture du théâtre par ordre de l'autorité.

1844-45. Direction Darmand.

Les débuts qui eurent lieu, le 3 novembre, par *Lucie* et le *Caporal et la payse*, laissèrent beaucoup à désirer. On donna ensuite, sans plus de succès, la *Juive*, la *Muette*, la *Favorite*, le *Pré aux clercs*. Enfin, le 1er janvier, une mauvaise représentation de *Guillaume Tell* valut aux exécutants l'appréciation suivante de la *Provence*, journal créé récemment : « Ces malheureux avaient, à l'occasion « des fêtes du jour de l'an, découpé la sublime partition « de Rossini en papillotes à pétard qui détonaient fort « désagréablement (1). »

Félicien David, venu à Aix pour diriger l'exécution de son ode-symphonie le *Désert*, reçut un accueil enthousiaste. Arrivé le 28 mars, il descendit, rue de la Miséricorde, chez son ami Silvain St-Etienne. On lui donna, le soir, une grande sérénade pendant laquelle des couplets de M. Chaubet, adaptés à un air Saint-Simonien, furent chantés, avec accompagnement de chœur et d'orchestre, par M. Britton, amateur doué d'une très belle voix de ténor. Le *Désert* exécuté le 12 avril, devant une salle comble, obtint un immense succès.

1 J'ai pris cette note dans la collection de *la Provence*, mise gracieusement à ma disposition par M. François Vidal, cabiscol honoraire des félibres.

Le grand pianiste Liszt donna, le 5 mai, dans la salle du théâtre, un concert dont voici le programme : « Fan- « taisie sur la *Norma* et ouverture de *Guillaume Tell*, « exécutées par Liszt ; Mélodie chantée par M. Barrielles, « basse ; Andante de *Lucie* ; Tarentelle de Rossini ; « Mazurka de Chopin ; Mélodie hongroise (Liszt) ; « Danse des astres ; Appel au combat (chœur St-Etienne) ; « deux ouvertures à grand orchestre. » Ce programme mérite d'être retenu : Liszt, le plus célèbre de tous les pianistes, consacrant son magnifique talent à l'exécution de l'ouverture de *Guillaume Tell* et de plusieurs morceaux de cette musique italienne si décriée aujourd'hui ; n'y a-t-il pas là un exemple frappant de la mutabilité des goûts en matière musicale ?

1845-46. Direction Arnaud-Brunet.

Après des débuts médiocres, une forte tempête s'éleva, le 20 novembre, pendant une représentation du *Pré aux clercs*, à propos de deux dugazons sur le mérite desquelles les opinions étaient partagées. Il y eut des scènes d'une extrême violence qui nécessitèrent l'intervention de la gendarmerie.

La *Fille du régiment*, représentée pour la première fois le 5 décembre, eut une mauvaise interprétation et un faible succès.

Un autre opéra de Donizetti, les *Martyrs*, donné le 20 janvier, fut rendu avec un bon ensemble. M. Brunet (Polyeucte) et Mme Mignot (Pauline) obtinrent les honneurs du rappel.

Mazas, violoniste distingué, donna au théâtre, le 29 janvier et le 1er février, deux auditions au cours desquelles il joua le *Carnaval de Venise* sur le violon, une *Elégie* sur la viole d'amour et plusieurs autres morceaux. Outre qu'il était un brillant virtuose, Mazas était aussi compositeur de mérite ; sa méthode de violon, ses études et ses duos sont encore très estimés.

L'œuvre la plus importante montée cette année fut la *Reine de Chypre* qui reçut, le 13 mars, une exécution convenable. Les principaux rôles étaient tenus par MM. Mignot, 1er ténor ; Arnaud-Brunet, baryton ; Mme Mignot, 1re chanteuse.

1846-47. Direction Arnaud-Brunet.

On donna, le 29 octobre, la *Part du diable*, opéra, et les *Vieux péchés*, vaudeville. Le public paraissait plus occupé à examiner la salle fraîchement restaurée, qu'à écouter les artistes.

Le 1er ténor, M. Clairbois, n'ayant pas réussi, prit les seconds rôles, et fut remplacé par M. Schumaker qui, malgré son accent tudesque, effectua un bon début dans *Lucie*.

Le *Rossignol* procura un grand succès à Mme Mignot, 1re chanteuse et à « l'habile flûtiste du 31e (1). »

Les *Mousquetaires de la reine*, représentés pour la première fois le 19 janvier, firent salle comble. Cet opéra, dans lequel figure presque tout le personnel lyrique, allait, pour cette raison, devenir la pièce de début par excellence ; il fut bien interprété par MM. Brunet, Mignot, Mmes Mignot et Bordier.

Vers la fin de la saison, les sœurs Teresa et Maria Milanollo, célèbres violonistes, se produisirent dans deux brillants concerts, et reçurent de frénétiques applaudissements.

Une nouvelle sérénade fut donnée à Félicien David, le 21 juillet, dans la rue Charretterie (qui porte aujourd'hui

---

1 Ce flûtiste était M. Bourck, chef de fanfare qui, à sa sortie du régiment, s'établit à Aix comme professeur de musique, et resta attaché au théâtre pendant vingt-cinq années. Il est décédé, en 1884, à Eguilles, où il s'était retiré auprès de sa fille.

son nom) où il logeait chez sa sœur. A cette sérénade, prirent part la musique de la garde nationale, la fanfare du 31ᵉ de ligne, les sociétés chorales des *Philistins* et des *Sans-souci,* dirigées par MM. Lapierre et Bourck. Il y eut un chœur de circonstance, avec solo, paroles de J.-B. Gaut, musique de Lapierre.

Le séjour de Félicien David se prolongea jusqu'au 28 août, jour de l'exécution de son ode-symphonie *Christophe Colomb,* qu'il dirigea lui-même et qui produisit une profonde impression.

1847-48. Direction Chevallier.

Le programme des débuts contenait un prologue en vers, un vaudeville et la *Favorite.* Les honneurs des premières soirées allèrent à la partie féminine de la troupe représentée par Mᵐᵉ d'Alexy, forte chanteuse, Mˡˡᵉ Boulangeot, chanteuse légère et Mˡˡᵉ Bremens, dugazon. Le ténor et le baryton furent à peine trouvés passables.

Il y eut, le 14 décembre, des troubles assez violents causés par l'interdiction au poète Paul Bonjour de faire entendre ses chansonnettes, qui contenaient, paraît-il, des allusions politiques.

Charles VI, représenté pour la première fois le 18 janvier, reçut un accueil chaleureux. Les voix des spectateurs se mêlaient à celles des artistes dans le chant de : *Guerre aux tyrans.*

Le poète languedocien Jasmin, accompagné d'une harpiste, Mˡˡᵉ Roaldès, donna, en février, une séance fort intéressante dans laquelle il dit, avec beaucoup d'expression, quelques-unes de ses meilleures poésies (1).

¹ Les œuvres de Jasmin étaient connues non seulement dans les pays de langue d'oc, mais aussi à Paris où il les avait récitées devant de brillants auditoires. La nostalgie le fit bientôt retourner à Agen, sa ville natale. Il y reprit son ancien métier de perruquier, auquel il trouvait. disait-il, un grand avantage : Celui de faire, d'une manière ou de l'autre, la barbe aux poètes ses confrères,

Le jeudi 9 mars, une foule nombreuse s'était portée au théâtre. La présence de M. le Commissaire du gouvernement (Emile Ollivier) était cause de cet empressement. Le spectacle se composait des 2°, 3° et 4° actes de la *Muette*, de la *Marseillaise*, du *Chant du départ* et de l'*hymne des Girondins*. Ces chants patriotiques soulevèrent l'enthousiasme de l'auditoire.

1848-49. Direction Allan.

Peu de temps après l'ouverture du théâtre, un vacarme affreux se produisit à la fin d'une représentation de la *Favorite* ; et le public demanda que la forte chanteuse, Mme Meuriot, qui était aussi 1re du drame, renonçât à chanter l'opéra (1). Elle fut, en effet, remplacée par Mme Noémi Pilliard, dont le début eut lieu, le 28 novembre, dans le même rôle.

Mme Pilliard ne put conjurer la crise qui menaçait la direction ; et M. Allan démissionna en conservant l'emploi de 1er rôle dans le drame.

Après quelques jours de suspension, les artistes en société donnèrent, le 16 décembre, une représentation de la *Reine de Chypre*.

L'opéra de Flotow, l'*Ame en peine*, fut monté avec soin, et représenté, pour la 1re fois, le 10 mars. Un décor de parc avec bosquet avait été confectionné par M. Gaut, peintre aixois.

Le 16 mars, un amateur de la ville désigné par l'initiale J. remplit le rôle de Daniel dans le *Chalet*. Le public apprécia les dispositions naturelles ainsi que la voix fraîche et sympathique du jeune débutant (2).

---

¹ A cette époque, on voyait souvent les premiers sujets de l'opéra jouer le drame et la comédie.

² Il s'agit de M. Jubelin, qui, après avoir complété ses études à Paris, tint honorablement l'emploi de ténor léger dans divers théâtres de province. Il vint ensuite se retirer à Aix ; et occupa, pendant une dizaine d'années, les fonctions de professeur de chant à l'Ecole nationale de Musique. Il est décédé en 1906.

1849-50. Direction Arnaud-Brunet.

Pendant les cinq années qu'il avait dirigé le théâtre, M. Arnaud-Brunet s'était acquis une certaine popularité. On se souvenait qu'il avait fait connaître, à Aix, les grands opéras les plus importants, dans lesquels il remplissait les premiers rôles à la satisfaction générale. Mais, s'il avait toujours été favorablement apprécié comme artiste, M. Brunet fut quelquefois jugé sévèrement comme administrateur ; on lui reprochait surtout d'agir avec trop de sans-façon et de ne tenir aucun compte des plaintes du public. Cette année, la dernière de sa direction, le mécontentement va être porté à son comble.

L'ouverture de la saison se fit, le 19 octobre, avec le concours de M. Achard, comique du Palais-royal, qu'on applaudit dans l'*Aumônier du régiment*, la *Famille du fumiste*, *Bruno le fileur*, etc.

Guillaume Tell fut ensuite convenablement rendu par la troupe d'opéra, dont le sujet le plus remarquable était le ténor Mirapelli, doué d'une voix vibrante. Néanmoins, plusieurs artistes eurent à subir des marques de défaveur.

Une deuxième représentation de *Guillaume Tell* aggrava encore la situation ; et l'ouragan prit une telle force que le spectacle ne put s'achever.

Ce fut en vain que la direction fit appel à Mme Koska, 1re chanteuse du grand théâtre de Marseille, qui joua supérieurement la *Favorite* et la *Juive*. Le public, de plus en plus irrité par quelques mauvaises représentations et par le retard que mettait le directeur à compléter sa troupe, se livra à des manifestations très bruyantes qui eurent pour conséquence la révocation de M. Arnaud-Brunet : Le dimanche 16 décembre, à la suite d'un vacarme prolongé, M. le Maire Rigaud s'avança au bord de sa loge et annonça au public qu'il venait de suspendre le directeur de ses fonctions. Ces paroles furent accueillies par une salve de bravos et de trépignements (1).

La révocation fut signée par le Ministre le 12 janvier.

Les artistes du drame et de la comédie voulurent donner encore quelques représentations, mais ils ne tardèrent pas à se disperser.

1850-51. Direction Chevallier.

A l'ouverture de la saison, Ligier (de la Comédie française) dont le jeu savant et énergique fut très apprécié, parut dans *Othello, Louis XI, Tartufe*. On cita, dans son entourage, Mᵐᵉ Bordier pour l'avoir très bien secondé.

Les artistes de l'opéra se présentèrent dans la *Dame blanche*, le 3 novembre, avec le concours de M. Guyot, ténor d'Avignon. *Lucie* fut ensuite accueillie par des sifflets, des huées et des vociférations « indignes de l'Athè- « nes du midi, » écrivit M. J.-B. Gaut dans le *Mémorial*.

Dans les derniers jours de décembre, Mˡˡᵉ Lavoye, chanteuse du grand théâtre de Marseille, vint jouer *Lucie, Ne touches pas à la reine* et les *Diamants de la couronne*. Les journaux lui décernèrent de grands éloges.

Après quelques scènes violentes ayant encore pour cause le retard que mettait le directeur à compléter sa troupe, M. Chevallier résigna ses fonctions pour faire place à une société formée de tous les artistes, sous la présidence de MM. Valgalier, ténor ; Feraud, basse et Emmanuel, chef d'orchestre.

La réouverture du théâtre eut lieu, le 16 janvier, par les *Mousquetaires de la reine*.

Le Caïd, joué pour la première fois le 11 mars, reçut une mauvaise exécution, et ne fut guère applaudi.

---

1 *La Provence* du 20 décembre 1849.

Haydée, autre opéra nouveau, pour lequel M. Gaut avait brossé deux décors, obtint, au contraire, un succès éclatant.

Un 3° opéra donné pour la première fois, le *Val d'Andorre,* fut assez maltraité, le 8 avril, par l'orchestre, s'il faut en croire *la Provence* : « L'exécution n'a pas répondu « à l'effet qu'on en attendait. L'orchestre a été la cause du « désordre ; le hautbois a canardé, les cors étaient absents, « les cornets n'étaient pas d'accord... Quelques artistes « méritent des éloges : Mmes Bordier et Widmer ; MM. « Valgalier et Romanville. »

1851-52. Direction Feraud.

M. Feraud, engagé l'année précédente comme basse d'opéra-comique, avait pris part à l'administration du théâtre après le départ de M. Chevallier.

Les premières représentations valurent des félicitations à M. Valgalier, ténor, et à Mmes Lagrange et Voisel, 1re chanteuse et dugazon. M. Gustave et Mme Bordier obtinrent de grands succès en jouant les 1ers rôles dans le drame. Mlle Bremens, déjazet, était l'enfant gâtée du parterre.

Le *Songe d'une nuit d'été* et *Giralda,* opéras nouveaux, réussirent très bien l'un et l'autre.

Les deux dernières représentations furent données, les 23 et 24 avril, avec le concours du ténor Puget qui parut dans les *Mousquetaires de la reine* et la *Dame blanche.* Puget, que nous avons eu l'occasion d'entendre en 1859, était un habile chanteur et surtout un comédien hors ligne.

Malgré ces quelques bonnes représentations, le résultat de la saison fut désastreux pour le directeur, qui le déclara dans une lettre publiée par les journaux, tout en manifestant l'espoir d'être plus heureux l'année suivante.

1852-53. Direction Feraud.

La représentation de la *Juive* donnée le 30 novembre,

permit à MM. Philippe, fort ténor ; Carrouché, ténor
léger ; ainsi qu'à Mme Donati, 1re chanteuse, de faire
valoir de bonnes qualités. Mais l'ensemble laissa fort à
désirer, et le chroniqueur du *Mémorial* s'en prit « aux
« pharisiens de l'orchestre qui grinçaient et hurlaient
« comme si le démon de la cacophonie les eût possédés. »

Mme Laurent (de la Porte St-Martin) vint donner plusieurs représentations. Elle joua, le 3 décembre, *Clotilde,*
de Frédéric Soulié, puis *Marie-Jeanne, Madeleine, Adrienne Lecouvreur,* le 4e acte d'*Horace.* Dans toutes ces pièces,
le jeu naturel et énergique de cette actrice célèbre fut très
applaudi.

M. Bouvard, ténor léger du grand théâtre de Marseille,
obtint le 28 décembre, dans le *Domino noir,* un légitime
succès. Il réussit moins bien, quelques jours après, dans
les *Mousquetaires de la reine,* où son filet de voix parut
insuffisant.

En décembre, janvier et mars, de brillantes représentations de la *Dame blanche,* du *Domino noir* et des *Mousquetaires de la reine,* furent données par M. Audran, parvenu alors à l'apogée de sa carrière dramatique. Les journaux de l'époque ne tarissent pas d'éloges sur sa belle
voix, son excellente tenue, sa diction charmante. Il reparut
à la représentation de clôture, le 3 avril, dans *Giralda* qu'il
avait créé à l'Opéra-comique. Après l'opéra, il chanta la
Colombe du soldat, romance dont il avait composé les
paroles et la musique ; et ensuite une chansonnette provençale, l'*Amour s'en va como vèn,* dont il avait écrit la
musique sur les paroles du poète Marius Bourrelly.
Audran fit encore, dans cette soirée, une ample moisson
de couronnes, et reçut de longues ovations.

1853-54. Régie de la Ville. (M. Azéma, gérant).

Cinquante ans avant Marseille, la ville d'Aix voulut
faire l'expérience de la régie théâtrale. Cet essai, peu

encourageant au point de vue artistique, fut onéreux
pour la Caisse municipale qui eut à combler un déficit
d'environ 12.000 francs, tandis que, jusqu'à cette époque, la subvention n'avait jamais dépassé 6.000 francs.

Aux débuts, qui eurent lieu le 10 novembre, les *Mousquetaires de la reine* furent assez mal rendus. La situation devint un peu meilleure à l'arrivée du ténor Vincent,
artiste expérimenté, connaissant bien le répertoire. La
1re chanteuse, Mme Guillemot, fut reçue sans enthousiasme. M. Guillemot était un excellent trial.

On reprit *Giralda* dont l'exécution ne valut pas celle
de l'année précédente.

Enfin, la saison s'écoula sans incidents notables ; et la
clôture eut lieu, le 9 avril, par une représentation de la
Norma.

Le lendemain, 10 avril, M. Brucker, chef d'orchestre,
fit représenter à son bénéfice la *Dame blanche*, et confia
le rôle de Georges Brown à un amateur de la ville, M.
Roman, plus connu sous le sobriquet de *mal-en-train*.
Roman était doué d'une fort belle voix de ténor ; et malgré son inexpérience de la scène, il eut du succès grâce
à la pureté de son organe et à son goût naturel.

Il y eut, le jour suivant, une représentation de *Lucie*,
donnée au bénéfice de M. Cazaubon, 3e rôle, avec le concours de M. Jubelin, ténor aixois, qui avait fait ses premiers pas sur notre scène en 1849. Sa méthode habile,
la justesse et la douceur de sa voix, lui valurent beaucoup
d'applaudissements.

1854-55. Direction Cazaubon.

J'ai été obligé, jusqu'ici, de baser mes appréciations
sur des documents puisés à diverses sources. A partir de
la présente année, je pourrai parler de ce que j'ai vu et
entendu ; car, je l'ai déjà dit, je vais, pendant 25 ans,

assister, comme musicien, à toutes les représentations qui seront données. Et lorsque, en 1879, mes occupations me mettront dans la nécessité de quitter l'orchestre, je ne continuerai pas moins, devenu simple spectateur, de me tenir au courant des choses du théâtre.

Nous avons vu que l'essai de régie théâtrale fait, l'année précédente, par la municipalité, avait donné de mauvais résultats, surtout au point de vue financier. Afin de récupérer le surcroît de dépenses causé par la régie, le conseil municipal décida, en 1854, de supprimer la subvention et, par suite, l'opéra.

M. Cazaubon qui avait tenu, pendant la dernière saison, l'emploi de grand 3e rôle, obtint la direction pour jouer le drame, la comédie et le vaudeville ; il était bon artiste et connaissait à fond le métier de directeur. Mme Cazaubon secondait son mari et remplissait fort bien les rôles de soubrette et, au besoin, ceux de dugazon.

L'étoile de la troupe était certainement Mlle Irma Aubry, engagée en représentation ; elle excellait dans les rôles travestis qu'elle jouait avec une verve et une crânerie charmantes. Mlle Jenny Masselin était une plantureuse soubrette se tenant bien en scène. Mme Romanville appartenait à notre théâtre depuis de nombreuses années ; elle y avait tenu successivement tous les emplois, depuis celui de 1re chanteuse, jusqu'à celui de duègne ; c'était une excellente artiste, mettant un soin scrupuleux dans l'étude et la préparation de ses rôles.

Du côté des hommes, l'on peut citer M. Roche, un jeune premier plein de distinction, et les comiques Charles et Lebel ayant, l'un et l'autre, beaucoup de naturel et d'entrain.

Un double quatuor, dirigé par M. Lapierre, accompagnait les airs de vaudeville et faisait entendre des *tremolo* pendant le drame.

La première représentation, à laquelle on donna le

Vicomte de Létorières, comédie en 3 actes, fit bien augurer de la troupe dans son ensemble. Les pièces qui vinrent ensuite : le *Gamin de Paris*, *Indiana et Charlemagne*, les *Mémoires du diable*, confirmèrent cette bonne impression. Quelques drames furent représentés, entre autres *Don César de Bazan*, avec le concours de Victor Genin, 1ᵉʳ rôle du Gymnase marseillais. *Tartufe* valut des applaudissements à M. Cazaubon qui y jouait le principal rôle. Un assez grand succès fut obtenu par les *Folies dramatiques*, pièce extravagante, mais remplie d'esprit.

Le 28 novembre, on représenta un *Epilogue* en vers, de M. J.-B. Gaut. Dans cette pièce inédite, l'auteur faisait comparaître devant la ville d'Aix, le Vaudeville, la Comédie et le Drame, personnifiés par Mᵐᵉˢ Irma Aubry, Cazaubon et M. Cazaubon. Cette production originale reçut un bon accueil.

Le dimanche 3 décembre, Mˡˡᵉ Dorsan, jeune première, chanta, pendant un entr'acte, une romance d'Hortense Rolland (1), intitulée la *Fée aérienne*, et mise en musique par M. Henri Poncet, jeune compositeur, alors à ses débuts.

La dernière représentation de Mˡˡᵉ Irma Aubry eut lieu le 16 janvier. Elle parut dans la *Femme aux œufs d'or* où elle jouait différents rôles ; puis, elle vint faire ses adieux au public en chantant quelques couplets qu'avait composés, pour la circonstance, M. Lange, souffleur de la troupe et poète à ses moments de loisir. La charmante artiste fut couverte de fleurs et de couronnes.

Le 25 janvier, l'opéra fit une réapparition sur la scène, avec les *Noces de Jeannette* et le *Chalet*, joués par trois sujets du grand théâtre de Marseille : Mᵐᵉ Ismaël, dugazon ; MM. Melchissédec, basse, et Froment, ténor léger. Le public, privé d'opéra cette année, et désireux d'enten-

---

1 Mˡˡᵉ Hortense Rolland s'est fait connaître, par la suite, comme femme de lettres, en publiant des articles de journaux, des romans et des poésies.

dre des artistes de mérite, se porta en foule au théâtre et n'eut pas à regretter son empressement.

Le 4 mars, M. Gaut fit représenter une comédie en vers, l'*Amour sous un parapluie*. Le public se montra sévère, trop sévère même, pour cette nouvelle œuvre du poète aixois, car il ne la laissa pas achever ; et M. Gaut se plaignit, avec raison, de ce que sa pièce avait été condamnée sans avoir été entendue.

Un comique célèbre, Offmann, qu'on avait déjà vu en 1841, revint dans le courant du mois de mars ; il fut excellent dans les *Anglais en voyage* et dans les *Trois dimanches*. Il dit aussi, avec beaucoup d'esprit, quelques chansonnettes.

Le 22 mars, un vaudeville en 1 acte, composé par un amateur sous le titre de : *La Perruque de grand papa*, n'obtint guère qu'un succès d'estime.

L'année théâtrale fut clôturée, le 3 avril, par le *Sourd ou l'auberge pleine*, opéra d'Adolphe Adam, auquel Mme Ismaël prêta son concours. Il y eut, le même soir, un divertissement donné par quelques artistes du ballet de Marseille.

En mai, la troupe du Gymnase marseillais vint donner une série de 11 représentations. Les principaux sujets de cette troupe étaient MM. D'herblay, Mercier, Désiré, Sicard, Arthur, Mmes D'herblay, Vallée, Froment. Leur répertoire se composait de : Le *Chapeau de l'horloger*, *Embrassons-nous Folleville*, le *Pour et le Contre*, *Souvenirs de jeunesse*, les *Mémoires du diable*, le *Chapeau de paille d'Italie*, etc. Ce fut une bonne aubaine pour le public aixois, qui n'était pas habitué à voir jouer la comédie et le vaudeville avec un ensemble si parfait et par des acteurs aussi distingués que ceux qui, à ce moment-là, se trouvaient réunis au Gymnase.

1855-56. Direction Cazaubon.

Après une année de suspension, le retour à l'opéra était

désiré de tout le monde. Le Conseil municipal vota une subvention de 8.000 francs et confia, de nouveau, la direction à M. Cazaubon, qui fit débuter sa troupe, le 25 octobre, par la *Fille du régiment* et le 1ᵉʳ acte de la *Dame blanche*.

Mᵐᵉ Quidant, 1ʳᵉ chanteuse, était rompue à toutes les difficultés de l'art du chant ; elle avait, en outre, une grande habitude de la scène. Le ténor Casabon était, au contraire, un débutant dont la tenue laissait à désirer ; la petitesse de sa taille lui était aussi défavorable. Mais il rachetait ces défauts par une voix fraîche et mordante qui lui permit d'aborder, au cours de la saison, les rôles les plus redoutables du grand opéra sans avoir, au point de vue vocal, un seul moment de défaillance.

Une bonne représentation de *Lucie* fut donnée, le 13 novembre, avec le concours de M. Ismaël, baryton du grand théâtre de Marseille.

Deux opéras d'Adolphe Adam, le *Bijou perdu* et *Si j'étais roi*, furent représentés pour la première fois, cette année. Le *Bijou perdu* n'était pas une œuvre de grande valeur. Ce qui explique son succès momentané, ce sont quelques mélodies agréables, et principalement l'air des *fraises* qui devint populaire, et que Mᵐᵉ Quidant chantait d'une façon charmante. Pour *Si j'étais roi*, la direction eut recours à M. Ismaël, dont la belle voix avait déjà émerveillé le public ; l'ensemble fut très satisfaisant, et l'ouvrage obtint un certain nombre de représentations.

Le public aixois eut la bonne fortune d'entendre le célèbre violoniste Vieuxtemps, dans deux concerts qu'il donna les 18 et 25 janvier. Il exécuta, outre plusieurs morceaux de sa composition, le *Mouvement perpétuel* et le *Carnaval de Venise*, de Paganini. De brillantes ovations furent adressées à l'éminent artiste qui possédait, au plus haut degré, les qualités d'un grand virtuose : pureté de son, vigueur et hardiesse dans l'archet, sûreté et justesse parfaite dans les traits les plus scabreux. Vieuxtemps était aussi un habile compositeur ; la science et l'inspiration se trouvent réunies dans les œuvres nombreuses qu'il a écrites pour son instrument.

Le 5 mars, le *Bijou perdu* fut donné au bénéfice de Mme Quidant. Pendant un entr'acte, M. Ph. Mittre, violoniste aixois, exécuta brillamment un Air varié de Rémy, intitulé *Il passionato*.

L'année théâtrale se termina le 9 mars par la représentation au bénéfice de M. Paris, chef d'orchestre, de *Robert-le-diable* qui, à part quelques faiblesses dans les ensembles, reçut une exécution convenable.

On avait donné, pendant la saison, les opéras suivants : la *Fille du régiment*, les *Mousquetaires de la reine*, les *Noces de Jeannette*, le *Maître de chapelle*, le *Barbier*, le *Caïd*, le *Bouffe et le tailleur*, la *Part du diable*, *Giralda*, la *Dame blanche*, *Lucie*, le *Chalet*, le *Bijou perdu*, le *Domino noir*, *Haydée*, *Gille ravisseur*, le *Postillon de Lonjumeau*, *Si j'étais roi*, *Bonsoir M. Pantalon*, la *Favorite*, les *Rendez-vous bourgeois*, *Fra-diavolo*, la *Juive*, *Ne touchez pas à la reine*, le *Maçon*, *Galathée*, le *Songe d'une nuit d'été*, *Robert-le-diable*.

Les principales pièces jouées par les artistes du drame et de la comédie, furent : le *Gendre de M. Poirier*, *Gaspardo le pêcheur*, la *Grâce de Dieu*, le *Demi-monde*, *Lazare le pâtre*, *Marie-Jeanne*, la *Dame aux camélias*, etc. Ces différents ouvrages valaient ordinairement à leurs interprètes, MM. Delafosse, Cazaubon, Mmes Dumonthier, Cazaubon, Romanville, des applaudissements mérités.

1856-57. Direction Cazaubon.

Plusieurs artistes de l'année précédente avaient été rengagés, parmi lesquels les deux ténors, Casabon et Marchand. La 1re chanteuse, Mlle Petitot, ne fut pas inférieure à sa devancière ; si son jeu était un peu froid, son chant avait une grande pureté ; et aucune difficulté de vocalisation ne pouvait la surprendre. On remarqua la superbe voix d'un débutant, M. Castelmary, qui devait être, quelques années plus tard, 1re basse à l'Opéra.

Une représentation comme on en voit peu, est celle que donnèrent, le 15 novembre, les *Zouaves du théâtre de Sébastopol*. L'élément féminin était inconnu dans cette troupe qui avait égayé, à leurs bivouacs, les vainqueurs de la guerre de Crimée ; et les rôles de jeunes filles étaient joués par des zouaves barbus portant sur la tête, comme signe distinctif, une couronne de fleurs.

Les principaux rôles du drame et de la comédie étaient tenus par Mme Norlis et Mlle Jaume. Cette dernière, sans faire oublier Irma Aubry, jouait les *travestis* d'une façon très satisfaisante. MM. Négrel, 1er du drame, et Blondel, comique, étaient souvent applaudis.

Une comédie en un acte, écrite par M. Félix Guérin, avoué, et intitulée le *Dernier prince d'amour*, fut créée le 22 janvier. L'auteur avait introduit, à la fin de sa pièce, une partie des jeux de la Fête-Dieu (lei chivau frus), ce qui contribua puissamment au succès.

Les 16, 20 et 23 février, trois concerts furent donnés par les sœurs Carolina et Virginia Ferni, violonistes. Aux programmes, figuraient des fantaisies sur les opéras en vogue et des symphonies concertantes pour deux violons. Les sœurs Ferni n'avaient pas, sans doute, la vigueur et le brio de Vieuxtemps, entendu l'année précédente ; mais elles ne charmaient pas moins par la grâce et l'expression de leur jeu. Elles soulevèrent, à chaque séance, l'enthousiasme d'un public très nombreux ; on leur offrit des bouquets et des couronnes ; et même, on publia dans les journaux, des pièces de vers à leur louange.

Le bénéficiaire de la dernière représentation fut encore M. Paris, chef d'orchestre, qui avait choisi deux opéras abandonnés depuis longtemps : *Zémire et Azor* (de Grétry) et *Adolphe et Clara* (de Dalayrac). Ce retour au vieux répertoire n'eut pas un heureux résultat ; la salle était presque vide ; et l'exécution laissa fort à désirer. On comprenait que les artistes avaient perdu les traditions de ces pièces ; et le public accueillit froidement les mélodies simples et naïves qui avaient fait les délices de nos grands parents.

1857-58. Direction Cazaubon.

On choisit pour la première représentation, le 22 octobre, *Galathée,* opéra en deux actes, de Victor Massé, qui n'avait été donné que deux fois en 1856, et qui n'a jamais obtenu de grands succès sur notre scène.

Avec la *Fanchonnette* (de Clapisson), jouée pour la première fois le 20 janvier, le directeur réalisait une bonne affaire. Cet opéra, oublié aujourd'hui, eut son heure de célébrité ; les nombreuses mélodies qu'il contient plurent au public qui, à cette époque, portait toute son attention sur le chant et se préoccupait fort peu de l'orchestration et des effets d'ensemble. Dans l'exécution, bonne en général, les deux principaux rôles étaient très bien tenus par M. Bouché, ténor un peu usé, mais aussi bon chanteur que comédien ; et par Mme Aliéry, dont la grâce et la distinction relevaient encore le talent de cantatrice.

Les artistes les plus remarqués dans le drame et la comédie étaient Mlle Dumonthier, le comique Blondel et Jarousseau, 1er rôle. Ce dernier, quoique très jeune, possédait déjà d'excellentes qualités.

Bardou aîné, comique du Vaudeville, vint donner, en février, plusieurs représentations dans lesquelles il joua : *Deux filles à marier,* le *docteur Chiendent,* les *Petites misères de la vie humaine, Un bal du grand monde.* Dans chacune de ces pièces, il souleva les applaudissements par sa verve, son jeu plein d'originalité et l'expression de sa physionomie.

Une bonne représentation de *Don César de Bazan* fut donnée, le 6 mars, avec le concours de Jenneval et de Clarisse Miroy, deux artistes de grand talent.

En avril et mai, les principaux sujets du Gymnase marseillais donnèrent une nouvelle série de représentations.

1858-59. Direction Cazaubon.

Quoique l'année précédente n'eut pas été mauvaise pour le public ni pour la direction, on décida, par raison d'économie, sans doute, de supprimer la subvention en 1858-59, et de n'exiger que la comédie et le drame.

M. Cazaubon conserva la direction, et fit débuter sa troupe, le 30 octobre, par *Marie-Jeanne* et l'*Amour qué qu'c'est qu'ça*, pièces que rendirent très convenablement MM. Auclair, Tholosé, Labatte, Lionel, Mmes Tanésy, Jaume, Jouard, Cazaubon.

Néanmoins, le directeur comprit que pour attirer le public au théâtre, il faudrait autre chose que des comédies et des drames joués par la troupe ordinaire ; et il se préoccupa de rendre le spectacle attrayant en faisant appel à des artistes étrangers.

Ce fut d'abord la tragédienne Mme Araldi, qui produisit une vive impression par la chaleur et l'énergie qu'elle déployait dans tous ses rôles. *Adrienne Lecouvreur, Marie Stuart*, les *Horaces, Jeanne d'Arc, Phèdre, Virginie,* lui offrirent l'occasion de montrer un talent supérieur.

Aux imprécations et aux larmes, succédèrent les éclats de rire : Levassor, comique des théâtres parisiens, vint, en novembre et décembre, représenter le *Lait d'ânesse, Endymion, Bertrand et Raton*, les *Amours d'un coiffeur* ; et chanter plusieurs chansonnettes. Il excita toujours une bruyante hilarité par ses jeux de physionomie ; et surprit les spectateurs par la rapidité avec laquelle il se transformait.

Le compositeur Darcier parut les 14 et 19 décembre. Il débitait lui-même ses productions consistant en chansonnettes et scènes comiques, non dépourvues d'originalité, et dans lesquelles dominait la note sentimentale.

Deux représentations d'opéra, données les 5 et 19 février, attirèrent une grande affluence de spectateurs : La *Dame blanche et le Caïd* furent très bien interprétés par des artistes venus de Marseille, parmi lesquels il convient de citer Mlle de Maësen (devenue plus tard Mme Rabaud), chanteuse de grande valeur ; MM. Dequercy, ténor léger ; Bataille, basse chantante ; et Henri Dussargues, ancien choriste du théâtre d'Aix, alors 1re basse double à Marseille.

On représenta, le 3 mars, une comédie due à la plume d'un aixois, M. Ricard, ancien chef d'institution et intitulée les *Amours de Pharnabaze Mitou*. Cette pièce, qui contenait de jolies scènes et des mots spirituels, fut très bien accueillie.

Il y eut, le 21 mai, une excellente représentation des *Huguenots,* avec les principaux artistes du grand théâtre de Marseille : Mmes Rey-Balla, de Maëzen ; MM. Depassio, basse et Bordas, ténor.

Lucie, donnée le 4 juin par Mlle de Maëzen ; MM. Puget, ténor et Méric, baryton, valut de vifs applaudissements à tous les interprètes, mais surtout à Puget dont le jeu expressif produisit un grand effet.

A ce moment, l'année théâtrale était expirée ; et M. Cazaubon quittait la direction d'Aix pour prendre celle de Montauban. Il avait tenu les rênes directoriales pendant cinq années consécutives, et (le fait est assez rare pour mériter d'être noté), il se retirait avec un certain bénéfice.

1859-60. Direction Arnaud.

M. Arnaud avait fait partie de la troupe, en qualité de baryton, sous la direction Chevallier, en 1847-48.

Les représentations commencèrent, le 30 octobre, par *Jean le cocher,* drame. On donna ensuite une comédie de Scribe : *Bataille de dames* et un petit opéra-comique de Poise : les *Charmeurs.* Dans ces diverses pièces, Mme Dalméda, 1er rôle ; MM. Brun, jeune premier ; Blondel et Lionel, comiques, se montrèrent bons artistes ; mais la palme fut pour Mlle Julia Darmand, fille de l'ancien directeur de 1843 et 1844, qui avait, malgré son jeune âge (17 ans), un vrai talent de comédienne et de chanteuse.

Vers le milieu de la saison, M. Muscadel, 1er ténor, ayant résilié son engagement pour cause de maladie, la direction se vit obligée de recourir à des artistes étrangers. C'est ainsi qu'on eut l'occasion d'entendre, en décembre et janvier, M. Dulaurens, ténor de Nîmes, dans les *Mousquetaires de la reine, Lucie* et la *Favorite.* Ce chanteur lançait, d'une voix chaude et vibrante, les notes les plus élevées sans faire le moindre effort. Une pareille voix ne pouvait pas rester longtemps en province ; et M. Dulaurens alla bientôt débuter à Paris où sa réputation fut consacrée.

Pour les *Dragons de Villars,* opéra nouveau représenté le 1er février, on fit appel à M. Dequercy, ténor du théâtre de Toulon.

Un opéra-comique en 1 acte, *Rose et Lis,* paroles de M. Félix Guérin, musique de M. Lapierre, fut créé le 12 mars. Les deux auteurs étaient aixois, ainsi que le ténor chargé du principal rôle, M. Nègre (1). La nouvelle œuvre de M. Guérin était la mise en action du proverbe : *Il ne faut pas courir deux lièvres à la fois.* La partition de M. Lapierre, simple et sans prétention, contenait quelques bons morceaux, entre autres une très jolie romance chantée par le ténor.

---

[1] M. Nègre avait une voix fraîche et sympathique, et, quoique débutant, il vocalisait avec une grande facilité. C'est cette habileté dans la vocalisation qui, par la suite, fit de lui un des ténors légers les plus recherchés.

1860-61. Direction Constant David.

Les premières représentations eurent peu de succès. *Martha,* l'opéra le mieux monté, fut, cependant, joué un certain nombre de fois par les ténors Bressolles et Constant David, Mmes Darcy, 1re chanteuse, Constant David, dugazon.

Le 9 décembre, M. Hermann, 2e chef d'orchestre (1), fit exécuter un opéra-comique en un acte, intitulé *Un effet électrique,* pour lequel il avait écrit quelques jolies mélodies qui firent supporter la faiblesse du poème.

Un opéra nouveau, la *Reine Topaze* (de V. Massé), donné le 24 janvier, passa inaperçu, et ne dédommagea pas la direction des frais qu'elle avait dû s'imposer.

Le ténor de l'Opéra, Renard, vint, en février, faire admirer, dans la *Favorite,* la *Juive, Guillaume Tell,* sa voix superbe et son talent. Le public prodigua à l'habile chanteur, les applaudissements et les ovations.

Une petite pièce bouffonne écrite par un jeune aixois, M. Marius Roux (devenu ensuite journaliste et auteur de plusieurs romans), fut représentée, le 12 mars, sous le titre original de *Zin, manazin, manaboun.* Cette drôlerie contenait des scènes charlatanesques qui firent rire.

Malgré quelques représentations convenables, principalement celles de *Martha,* le théâtre fut peu suivi cette année, et M. Constant David ne fit pas d'excellentes affaires, bien qu'il déployât beaucoup d'activité, soit comme acteur, soit comme directeur. Cependant, deux représentations du *Trouvère,* données les 27 et 30 avril, par le célèbre baryton Merly et plusieurs artistes venus de Marseille, terminèrent brillamment cette saison théâtrale qui, jusque-là, avait été assez terne.

1 Le 1er chef d'orchestre s'appelait M. Ternaux.

1861-62. Direction Négrel.

L'année précédente ayant donné des résultats peu satisfaisants, la municipalité pensa, peut-être avec raison, qu'il serait bon de laisser un peu reposer l'opéra, et de réaliser ainsi une économie sur le budget de la ville. En effet, il n'y aura pas de troupes d'opéra pendant les quatre années qui vont suivre.

On accorda la direction, pour 1861-62, à M. Négrel qui avait tenu, cinq ans auparavant, l'emploi de 1er du drame.

La soirée de début eut lieu, le 1er novembre, par deux vaudevilles et une comédie en 3 actes : *Bataille de dames.* Cette dernière pièce fut bien rendue par Mmes Deval et Chapuy, MM. Négrel et Brémens. Deux jours après, le rôle important de Lucrèce Borgia permit à Mme Deval de mettre mieux en relief son talent dramatique. Mlle Ronjon était une charmante soubrette.

Le 21 novembre, une pièce nouvelle, les *Mystères de l'été,* donna à de nouveaux acteurs l'occasion de se produire avec avantage.

La *Mariée du mardi gras* eut, le 19 décembre, encore plus de succès ; les honneurs de la soirée furent pour le comique Gabriel qui rendit, avec un naturel parfait, le rôle de Groseillon.

Le spectacle du 13 février se composait de quatre pièces d'auteurs aixois : La comédie de M. Ricard, les *Amours de Pharnabaze Mitou,* retrouva son succès primitif ; *Fauvette,* de Marius Roux, et les *Deux troupiers,* de Louis Marguery, obtinrent des applaudissements ; la 4e pièce, *Fanfan ou le petit tambour,* subit un demi-échec ; aussi, le nom de l'auteur ne fut pas proclamé à la fin du spectacle. On sut, plus tard, que cet auteur était un magistrat qui, peu de temps après, quitta le ressort de la cour.

M. Audran, ayant terminé sa brillante carrière, s'était

retiré à Marseille. Il n'avait pas, cependant, renoncé définitivement au théâtre ; et il vint, le 19 février et le 12 mars, jouer le *Barbier* et la *Dame blanche*.

Le chef d'orchestre, M. Hermann, eut l'heureuse idée de monter, à son bénéfice, le *Désert*, de Félicien David. La société Ste Cécile lui prêta son utile concours pour la partie chorale. Il n'y eut à signaler dans l'exécution que quelques défaillances à l'orchestre. Le bénéficiaire encaissa une assez jolie somme, car le chef-d'œuvre de Félicien David avait attiré beaucoup de monde.

Le 29 avril, M. Audran parut une dernière fois sur notre scène, dans un concert où il avait pour partenaires une de ses demoiselles et son fils Edmond, le futur auteur de la *Mascotte*. La soirée fut charmante ; et je me rappelle encore avec quelle grâce et quelle finesse M. et Mlle Audran chantèrent le duo du *Postillon de Lonjumeau*.

1862-63. Direction Gabriel Coinde.

Le nouveau directeur n'était autre que le comique Gabriel, dont le talent original et prime-sautier avait été fort goûté l'année précédente. Outre le drame, la comédie et le vaudeville, il allait représenter l'opérette d'une manière suivie. Cette innovation est à signaler, car c'est la première fois que l'opérette s'établira en permanence sur notre scène. Et l'on peut dire que ce nouveau genre de spectacle ne sera pas sans influence sur le délaissement dans lequel vont tomber, peu à peu, l'opéra-comique et le drame, attaqués, l'un par les *charges* musicales d'Offenbach, l'autre par les parodies et les *blagues* de Meilhac et L. Halévy.

Les premières représentations ne firent ressortir aucun sujet hors ligne. Ce ne fut que le 11 novembre, dans *Monsieur Choufleuri*, qu'on put reconnaître à cette troupe de bons éléments, représentés par MM. Belliard, Gabriel, Baëlla ; Mme Belliard et Mlle Coinde, sœur du directeur.

Vinrent ensuite *Bonsoir voisin, le Moulin joli, le Pont des soupirs,* etc.

Le 10 janvier, fut créé un opéra-comique en un acte, intitulé la *Graine de coquelicot.* Sur un poème assez bien tourné, de Marius Roux, Georges Rauchenecker, chef d'orchestre, avait écrit une petite partition dont le thème principal était un motif de valse qui, entendu d'abord dans l'ouverture, revenait ensuite dans la pièce (1). Après une exécution convenable, le régisseur vint faire connaître les noms des auteurs et de nombreux applaudissements éclatèrent. Une seule protestation s'éleva, c'était celle d'un vieil habitué du parquet qui trouvait le dénouement immoral.

Le drame, la comédie et le vaudeville alternaient avec l'opérette. Il convient de donner une mention spéciale au drame le *Bossu,* qui représenté pour la 1re fois le 29 janvier, obtint un énorme succès et fut souvent rejoué. Il faut dire que l'exécution en était excellente. M. Guillot, artiste en représentation, rendait supérieurement le rôle de Lagardère ; Belliard et Gabriel étaient désopilants en Cocardasse et Passepoil ; Mme Belliard était charmante dans le rôle de Blanche de Nevers ; enfin, les nombreux personnages de ce long drame étaient tous bien représentés.

Les dernières soirées furent données avec le concours de Rouvière, de la Comédie française, qu'on avait déjà entendu en 1840. Il parut, le 8 mars, dans *Hamlet* ; puis, il joua *Louis XI,* et enfin la *Reine Margot,* le 29 mars, pour la clôture de la saison. Rouvière était un artiste de grand talent, mettant beaucoup de chaleur et d'expression dans son jeu. Les principaux sujets de la troupe le secondèrent

---

1 Rauchenecker, quoique très jeune (il n'avait pas 20 ans), était déjà un musicien distingué, jouant à première vue, sur le piano, la musique la plus difficile, et improvisant sur l'orgue avec une merveilleuse facilité. En 1870, il fut rappelé dans son pays (la Bavière), et obtint ensuite la direction du Conservatoire d'Elberfeld (Prusse). Il est mort, en 1906, dans cette ville, où il avait produit de nombreuses compositions musicales.

fort bien, surtout M^{mo} Belliard qui rendit, avec une grâce touchante, le rôle d'Ophélie.

1863-64. Direction Henri Donnay.

Les artistes qui se firent remarquer aux premières représentations, furent : Porte - d'Hercourt, jeune premier plein de fougue et doué d'un organe très sonore ; le comique Lionel, une vieille connaissance, toujours très original et très amusant ; Mmes Lambert, Dumonthier, Sauvajol. M. Duluc, grand 1er rôle, était un ancien fort ténor qui avait quitté l'opéra pour le drame ; mais, il n'avait pas perdu entièrement sa voix, et il reprit les rôles de ténor, plusieurs fois au cours de la saison. Le directeur, M. Donnay, parut dans quelques ouvrages, notamment dans *Cadet Roussel* et le *Père de la débutante* ; il plaisait par la rondeur et la bonhomie de son jeu.

Un opéra-bouffe en un acte, le *Fils de Thésée*, œuvre de deux aixois, fut créé le 13 février. Les paroles étaient de Louis Marguery, avocat, qui avait pris pour sujet de son libretto la parodie de Phèdre (de Racine). Il ne m'appartient pas de parler de la musique, en étant moi-même l'auteur. Je crois pouvoir dire, cependant, que la pièce reçut des applaudissements, et que la presse locale la jugea avec bienveillance.

On termina la saison par plusieurs représentations d'opéra italien. Mais, comme la troupe italienne n'avait pas de fort ténor pour jouer le *Trouvère*, elle s'adressa à M. Duluc qui chanta le rôle de Manrique en français, tandis que les autres personnages chantaient en italien. Bien que ce mélange de langues fut un peu choquant, surtout dans le récitatif, il n'offusqua pas trop les auditeurs ; et *Il Trovatore* eut plusieurs représentations.

1864-65. Direction Laurençon.

Pour rendre les soirées plus attrayantes, M. Laurençon

avait adjoint à sa troupe de drame et de comédie, un quadrille de danseuses qui donnaient des divertissements pendant les entr'actes. Mme Laurençon, 1er sujet du ballet de Marseille, venait quelquefois prendre part à ces divertissements.

A la première représentation, le 29 octobre, on donna *Don César de Bazan* et la *Fille de Dominique*. La troupe était assez homogène et contenait quelques bons sujets, entre autres le comique Weiss et Mme Berthier, 1er rôle, dont le jeu était expressif et énergique.

. En décembre, une troupe italienne bien composée, vint représenter *Il Barbiere* et *Don Pasquale*.

Deux jeunes violonistes, les sœurs Juliette et Julia Delepierre, âgées l'une de 9 ans et l'autre de 11 ans, eurent, en décembre et janvier, le rare privilège d'attirer au théâtre, pendant six soirées consécutives, une foule compacte qui les couvrait de fleurs et les applaudissait avec frénésie. Ces émules des sœurs Milanollo et des sœurs Ferni étaient, malgré leur extrême jeunesse, familiarisées avec toutes les difficultés du violon. Il y avait du plaisir à les écouter dans leurs duos concertants et dans le *Carnaval de Venise* dont elles jouaient alternativement les variations.

1865-66. Direction Ponge-Maire, puis Henri Donnay.

Les débuts des artistes engagés par M. Ponge-Maire furent si malheureux que, après la 5e représentation, le directeur se vit obligé de se retirer avec toute sa troupe.

L'ancien directeur de 1863-64, M. Donnay, ayant obtenu une subvention pour jouer l'opéra, reprit alors l'exploitation avec le concours des principaux sujets du théâtre de Nîmes, dont les représentations étaient momentanément suspendues. Parmi eux, on distingua MM. Taffanel, fort ténor ; d'Heyralde, basse ; Hénaut, ténor léger ; Mme Hénaut, chanteuse légère ; enfin, Mlle Henry qui, par sa jolie voix de mezzo-soprano et son talent de cantatrice, conquit tout de suite les suffrages du public. Les ouvrages représentés furent : la *Juive*, *Robert-le-diable*, *Guillaume Tell*, la *Dame blanche*, le *Postillon de Lonjumeau*.

De nouveaux artistes, parmi lesquels figurait le ténor Boutines, se présentèrent, le 1er février, dans la *Favorite*. On donna ensuite le *Trouvère* avec Mlle Cortez, contralto ; le *Domino noir* avec Nief, laruette, et Nardin, trial ; le *Barbier* avec Meillet, baryton ; appartenant tous au grand théâtre de Marseille.

La troupe des Variétés (de Nîmes) joua, avec un bon ensemble, la *Famille Benoiton* (de Sardou) et le *Lion amoureux* (de Ponsard).

Il y eut, le 15 avril, une représentation de *Robert-le-diable*, dans laquelle Mlle de Maëzen (sœur de Mme Rabaud) rendit très bien le rôle d'Isabelle.

Le ténor Taffanel reparut, les 4 et 5 mai, dans *Roland à Roncevaux*, opéra de Mermet. A ces représentations, prirent part les choristes (hommes) du théâtre d'Avignon ; on remarqua leurs belles voix.

Enfin, la clôture eut lieu, le 13 mai, par la *Favorite* et le *Sourd ou l'auberge pleine*. M. Donnay avait accompli un véritable tour de force en jouant l'opéra pendant toute une saison, sans avoir jamais une troupe stable. Ce ne fut qu'en recourant aux artistes de la région qu'il put organiser ses spectacles au jour le jour, et terminer, après mille incidents, cette extraordinaire année théâtrale.

1866-67. Direction Henri Donnay.

Les chanteuses, Mlle Boulangeot et Mme Carnaud-Darcy, reçurent un bon accueil à leurs débuts. Il en fut de même pour le baryton Carnaud et la basse Casalbon, jeune artiste bien doué. Les deux ténors et la dugazon ayant été refusés, eurent pour successeurs MM. Cadilhe, Reuzé et Mlle Vigourel. En janvier, un autre ténor, Huet, remplaça Cadilhe ; il parut, avec avantage, dans *Lucie*, et rendit ensuite supérieurement le rôle de Zampa.

Le comique Ravel, du Palais royal, venu, en janvier, représenter la *Rue de la lune,* le *Caporal et la payse* et plusieurs autres vaudevilles, obtint un grand succès par son jeu à la fois savant et naturel.

La célèbre Carlotta Patti (sœur d'Adelina) se fit entendre, le 22 février, dans les airs de *Linda di Chamouni* et du *Pardon de Ploërmel,* les variations du *Carnaval de Venise* et l'*Eclat de rire,* d'Auber. Elle enleva, avec une réelle perfection, tous ces morceaux où se trouvent accumulées les plus grandes difficultés de l'art du chant. Elle était, en outre, entourée d'artistes de la plus grande valeur : d'abord Vieuxtemps qui, après avoir joué sa Polonaise, reparut avec Mᵉˡˡᵉ Krebs, pianiste distinguée. Le harpiste Aptommas et le violoncelliste Batta, l'un et l'autre depuis longtemps passés maîtres sur leurs instruments, complétaient le programme de cette soirée, une des plus belles qu'on ait eu à enregistrer dans les fastes du théâtre d'Aix.

La fin de la saison fut marquée par l'apparition de *Faust,* représenté les 9, 10, 14 et 19 mars. Les principaux rôles étaient tenus par MM. Huet, Carnaud, Peront (basse de Marseille), Mˡˡᵉˢ Boulangeot et Vigourel. L'orchestre et les chœurs, sous la direction de M. Poirson, chef d'orchestre, marchèrent avec ensemble. On fit bisser les chœurs des Vieillards et des Guerriers ; enfin, le chef-d'œuvre de Gounod, monté avec soin, reçut l'accueil chaleureux qu'il méritait.

1867-68. Direction Bouscarle.

Avant de prendre la direction d'Aix, M. Bouscarle avait administré le théâtre Chave à Marseille. Sa troupe débuta, le 3 novembre, par un drame, les *Orphelins du Pont Notre-dame* ; et le 5, par les *Mousquetaires de la reine.*

Les premières représentations, un peu orageuses, amenèrent le refus du ténor et de la basse. Mˡˡᵉ Diany, 1ʳᵉ chanteuse, avait une voix fraîche et possédait les bons principes du chant. Les chœurs d'hommes chantés, pendant toute la saison, par la société Ste Cécile, produisirent un excellent effet par le nombre et les bonnes voix des choristes.

Dans le drame, Mme Berthier, qui avait fait partie de la troupe trois ans auparavant, et M. Porte-d'Hercourt, le jeune premier de 1863, obtinrent de nombreux succès.

La direction eut la main heureuse dans le choix du nouveau ténor et de la nouvelle basse. Le ténor, M. Philippe Jourdan, était bon comédien ; sa voix, un peu forte pour les rôles à vocalises, le servait à merveille dans les pièces demandant de l'ampleur. Quant à la basse : si, comme chanteur, Graat ne sortait pas de l'ordinaire, il possédait un talent supérieur de comédien, et savait si bien se grimer, qu'on ne pouvait le reconnaître qu'au son de sa voix. Aussi, le souvenir de Graat est-il resté vivant dans la mémoire de ceux qui, à cette époque, fréquentaient le théâtre.

La clôture eut lieu, le 2 avril, par les *Dragons de Villars*, au bénéfice de Mlle Diany, à qui la salle entière adressa de vives démonstrations de sympathie.

1868-69. Direction Auguste Pilliard.

Des signes de mécontentement se produisirent dès les premiers débuts. Ce mécontentement, provoqué par la faiblesse de quelques artistes, se transforma bientôt en tumulte ; trois ténors furent successivement refusés, ainsi que la dugazon, Mlle Jane Pilliard, nièce du directeur. Mme Dumonchau, 1re chanteuse, (dont le mari était chef d'orchestre) rencontra, après avoir été admise, une certaine opposition de la part de quelques personnes qui trouvaient sa voix trop rude.

La direction était donc dans une grande anxiété au moment où elle fit débuter un 4e ténor ; mais, cette fois, le choix était excellent, et ce 4e ténor, M. Viard, sauva la situation. A son entrée en scène, dans la *Dame blanche*,

il fut accueilli par un murmure flatteur suivi d'applaudissements aussitôt qu'il eut chanté sa première phrase.
Viard possédait bien toutes les qualités qu'on peut exiger
d'un ténor, même dans un théâtre plus important que le
nôtre : sa voix était fraîche, sa vocalisation correcte, son
jeu aisé et naturel. Grâce à lui, la tempête qui grondait
sur la direction se trouva apaisée.

Plusieurs opérettes d'Offenbach furent montées cette
année ; d'abord la *Belle Hélène*, dans laquelle Mme Dumonchau remplit très bien le rôle principal ; puis, avec
le concours de Mlle Minelli (du Gymnase marseillais), la
Vie parisienne, Barbe-bleue, la *Grande Duchesse.*

A l'occasion des fêtes rappelant l'entrée du roi René à
Aix, en 1448, il y eut, le 24 avril, une soirée de *gala* dans
laquelle on exécuta le *Désert,* de Félicien David, avec le
concours de M. Réal, ténor, et de la société Ste Cécile.
Le public applaudit, dans un intermède, le célèbre tambourinaire Buisson (de Draguignan) qui ne craignait pas
d'aborder, avec son galoubet, les variations du *Carnaval
de Venise* et autres morceaux de grande difficulté ; enfin,
un ballet dansé par les artistes du grand théâtre de Marseille, termina dignement cette soirée.

Le 4 mai, le célèbre Brasseur, qui avait déjà paru en
1867, donna une excellente représentation de la *Mariée
du mardi gras.* Parmi les artistes de cette troupe, se trouvait le joyeux comique et ancien directeur du théâtre d'Aix,
Gabriel Coinde ; le public le reconnut et lui fit une ovation.

1869-70. Direction Auguste Pilliard.

Viard fut très applaudi à sa rentrée. La 1re chanteuse,
Mme Yriah, rencontra quelque hostilité et finit par résilier.
Sa remplaçante, Mlle Erambert, fit un brillant début dans
le *Barbier,* et montra qu'elle excellait dans l'art des vocalises.

Le 1er février, *Robert-le-diable* donné au bénéfice de

Viard, valut à cet artiste de nombreux témoignages de sympathie. Il se produisit, à son occasion, un fait non moins rare que flatteur pour le théâtre d'Aix : Pendant la saison, Viard fut engagé pour plusieurs représentations au grand théâtre de Marseille, par M. Husson, directeur de ce théâtre ; et les marseillais applaudirent vigoureusement, dans la *Juive* et *Guillaume Tell,* le ténor que les aixois avaient bien voulu leur prêter.

Roudil, un baryton de grand talent, parut, en février, dans la *Favorite, Charles VI, Guillaume Tell.* Son jeu manquait un peu de chaleur ; mais, on n'éprouvait pas moins un grand plaisir à l'entendre, tant sa voix était pure, et sa méthode parfaite.

La clôture eut lieu, le 30 mars, par une représentation de la *Juive,* au bénéfice de M. Paris, chef d'orchestre ; deux amateurs, MM. Labrousse et Figuières, s'étaient chargés des rôles du cardinal et de Léopold. Par malheur, M. Figuières, pris d'un enrouement subit, ne disposa pas de tous ses moyens.

1870-71. Pas de direction.

Il ne pouvait être question de théâtre au moment où la France, trahie et vaincue, faisait de suprêmes mais vains efforts pour repousser l'invasion.

La salle resta donc fermée tout l'hiver ; sauf, cependant, la soirée du 3 décembre qui fut consacrée à un concert donné par le Cercle musical au bénéfice de la *Défense nationale.* Le programme de ce concert se composait de deux vaudevilles, *Une minute trop tard* et le *Conseil de révision,* joués par divers membres du Cercle avec le concours d'une artiste, Mme Ludovic ; d'autres amateurs firent entendre des chansonnettes, romances et chants patriotiques ; enfin, une pianiste de Marseille, Mlle C... et M. Léopold Bruguier, violoniste aixois, voulurent bien fournir à ce concert l'appoint de leurs talents (1). Le produit net de la recette s'éleva à 699 fr. 94. Cette somme, augmentée de diverses souscriptions recueillies en ville, servit à l'achat d'un canon qui devait être expédié sur le théâtre de la guerre ; mais, comme lorsqu'il fut achevé la paix venait d'être signée, ce canon ne put remplir son but. Il est aujourd'hui déposé au Musée où il rappellera, du moins, que la population aixoise n'était pas restée indifférente devant les malheurs de la patrie.

1871-72. Pas de direction.

On était encore trop sous l'impression des évènements terribles de l'année précédente pour songer à organiser une saison théâtrale. Cependant, divers artistes sans emploi vinrent, à plusieurs reprises, donner des spectacles.

Il y eut d'abord, le 26 novembre, une représentation de la *Favorite* montée par un M. Rolland. Le ténor et la chanteuse furent si mal accueillis, que cette soirée n'eut pas de lendemain.

Le 21 janvier, une nouvelle tentative faite sous la direction de M. Duvernon, eut plus de succès : M. Pellozini et Mlle Joanny rendirent convenablement le *Maître de chapelle*.

Un concert important, organisé par le Cercle musical, fut donné le 12 février. Le morceau principal de ce concert était le final du 2ᵉ acte de *Guillaume Tell*, y compris le trio qui le précède. Le rôle d'Arnold était chanté par M. Salomon, futur 1ᵉʳ ténor de l'Opéra ; deux amateurs distingués de Marseille, MM. Bense et de Lombardon, avaient bien voulu se charger des rôles de Guillaume et de Walter. Pour la partie chorale, si importante dans ce final, on avait fait appel aux sociétés de la ville qui déléguèrent

[1] M. Léopold Bruguier, ancien élève de notre Ecole de musique, était sorti récemment du Conservatoire de Paris, et allait bientôt se fixer à Aix, sa ville natale, qu'il n'a plus quittée ; et dans laquelle ses qualités d'habile virtuose sont, depuis longtemps, connues et appréciées.

leurs meilleurs choristes ; l'orchestre était renforcé par des amateurs. Tous ces éléments réunis produisirent un bel effet d'ensemble et de sonorité. Au début de la soirée, on avait entendu les airs de *Si j'étais roi* et de la *Fille du régiment* chantés par Mlle Erambert, la *prima-dona* de 1869-70, qui venait d'établir sa résidence à Aix. Il y eut aussi plusieurs morceaux joués par M. Casella, le réputé violoncelliste marseillais.

Le 4 et le 8 mars, Mlle Agar vint représenter *Phèdre* et les *Horaces*. Bien que son entourage fut assez médiocre, l'illustre tragédienne reçut l'accueil enthousiaste que lui méritaient son grand talent, son organe chaud et vibrant, ses poses sculpturales. C'est, sans doute, en souvenir de ce bon accueil et de l'empressement mis à venir l'entendre, que la grande artiste reparut souvent sur notre scène, et que la ville d'Aix fit partie de son itinéraire dans toutes les tournées qu'elle entreprit par la suite.

Le 2 mai, eut lieu une bonne représentation de *Faust*, organisée au profit des pauvres par la société Ste Cécile. Les principaux interprètes étaient Mlles Arnaud et Verger, chanteuses ; MM. Mazurini, ténor ; Lédérac, baryton ; et Dermond, basse ; tous ces artistes, sauf M. Mazurini, appartenaient au grand théâtre de Marseille ; M. Momas, Ier chef d'orchestre du même théâtre, s'était chargé de diriger l'exécution, à laquelle prirent part tous les choristes de Ste Cécile.

Une excellente représentation de l'*Ombre* et de *Philémon et Baucis* fut donnée, dans les premiers jours du mois d'août, par quatre des meilleurs sujets de l'Opéra-comique : MM. Lhéric, Ismaël ; Mmes Galli-Marié, Priola. On avait rarement entendu, à Aix, des opéras si bien interprétés.

1872-73. Direction Cazaubon.

Le théâtre va reprendre sa vie normale. Seulement, la

municipalité n'ayant pas voté la subvention nécessaire pour représenter l'opéra, il n'y aura, cette année et l'année suivante, qu'une troupe de drame et de comédie, dirigée par M. Cazaubon, l'ancien directeur de 1854 à 1859.

On joua, pour les débuts, la *Dame aux Camélias*, *Edgard et sa bonne*, et un acte en vers, *Ainsi soit-il*, œuvre de M. Roche, artiste de la troupe. Les sujets les plus remarqués furent MM. Montel, 1er rôle ; Dalia, père noble ; Bertholet, comique; Mmes Schmid, jeune première ; Roche, ingénue.

Quelques comédies nouvelles : *Nos bons villageois*, *Par droit de conquête*, *Séraphine*, furent ensuite assez bien rendues.

Le tambourinaire Buisson, qu'on avait entendu en 1869, reparut sur la scène, le 17 décembre, à son retour d'une longue tournée pendant laquelle il avait fait briller sa virtuosité à Paris, à Londres et dans plusieurs autres capitales.

Le 8 février, on applaudit, dans *Galathée*, Mlle Etienne dont la forte et belle voix de contralto fit très bien ressortir le rôle de Pygmalion, habituellement confié à une basse-taille.

Laferrière, artiste des théâtres de Paris, montra beaucoup de talent en jouant, le 16 juin, un de ses meilleurs rôles dans le *Pauvre idiot*.

1873-74. Direction Cazaubon.

La *Vie de Bohême*, comédie tirée d'un roman de Henri Murger, jouée le 30 octobre pour les débuts, fut très convenablement rendue par MM. Montel et Jules (Cazaubon fils) ; Mlle Servat mit beaucoup d'expression dans le rôle de Mimi. On donna ensuite, avec le concours de Jarousseau, qui avait été premier du drame à Aix, plusieurs ouvrages de genres différents : *Vingt ans après*, *Patrie*, *Ruyblas*, les *Saltimbanques*. Le jeune débutant de 1857, servi par sa belle prestance et par son organe puissant, était devenu un artiste distingué.

Nous eûmes l'occasion d'entendre, le 22 janvier, la chanteuse Thérésa qui jouissait alors d'une grande renommée. Elle débitait des chansons grotesques ayant pour titres : la *Femme à barbe, Rien n'est sacré pour un sapeur, C'est donc l'nez qu'ça me chatouille* ; elle en accentuait encore la trivialité par les inflexions bizarres de sa voix presque masculine. Et cependant, elle obtint ici, comme partout où elle passait, de vifs applaudissements dus au naturel parfait de sa diction et à sa mimique expressive.

Un succès plus grand encore fut celui de la troupe parisienne venue, en janvier et février, faire entendre pour la première fois la *Fille de Mme Angot.* Le personnel de cette troupe (artistes et choristes) ne jouant que ce seul ouvrage, était parvenu à le rendre avec un ensemble excellent. Aussi, la *Fille de Mme Angot* eut une dixaine de représentations consécutives devant une salle toujours comble.

Le 6 février, le Cercle musical avait fait appel à tous les choristes et musiciens de la ville pour l'exécution de *Christophe Colomb,* ode-symphonie de Félicien David, qui n'avait été entendue qu'une seule fois à Aix, en 1847, sous la direction de l'auteur. Un chœur d'une soixantaine de voix et l'orchestre du théâtre renforcé de nombreux amateurs, prirent part à cette solennité musicale ; les soli étaient confiés à Mlle Erambert et à M. Valdec, chanteur de concert. L'exécution fut bonne, grâce au zèle de tous les exécutants qui avaient bien voulu s'astreindre à de nombreuses répétitions. La soirée avait commencé par une Ouverture à grand orchestre de M. Sallis, chef de musique, suivie de plusieurs morceaux de chant.

Le théâtre était peu fréquenté cette année ; et le directeur se trouva obligé, à cause du manque de recettes, de suspendre les représentations. Les artistes formèrent alors une société, et continuèrent l'exploitation jusqu'à la clôture de l'abonnement qui se fit, le 8 mars, par le *Juif-errant.*

Un opéra-comique en un acte, le *Bastidon*, fut créé le 21 mars. L'auteur des paroles était un professeur du Collège qui avait pris le pseudonyme de de Servisy. Son poème, une idyile à deux personnages, inspira à M. Sallis, chef de musique au 141ᵉ de ligne, quelques morceaux dont les meilleurs étaient la *Chanson du bastidon*, un duo et un chœur de chasseurs terminant la pièce. Les deux principaux rôles étaient tenus par Mᵐᵉ Cyriali, une agréable chanteuse légère, et un amateur de la ville, M. Pardigon.

Le 21 mai, Mˡˡᵉ Honorine (du Palais royal), accompagnée de quelques bons artistes, joua, avec une verve étourdissante, la *Perle de la canebière* et la *Tribu des Chaffaroux*, pièce à travestissements. Toute la soirée ne fut qu'une suite ininterrompue d'applaudissements et d'éclats de rire.

1874-75. Direction Pourcel.

L'organisation de la saison théâtrale rencontra, cette année, de nombreux obstacles. Aucun candidat offrant des garanties suffisantes ne s'étant présenté, et des pourparlers engagés avec le directeur du grand théâtre de Marseille, n'ayant pas abouti, le Conseil municipal, dans sa séance du 16 décembre, décida de confier la direction à M. Charles Pourcel, chef d'orchestre, qui s'engageait à donner 25 représentations d'opéra-comique, à partir du 1ᵉʳ janvier 1875, moyennant une subvention de 6.000 francs.

En réunissant les fonctions de directeur et de chef d'orchestre, M. Pourcel se mettait sous une double charge bien lourde pour ses jeunes épaules ; mais, grâce à ses heureuses aptitudes et au sangfroid imperturbable qui ne le quittait jamais, il put mener son entreprise à bonne fin, et même réaliser un petit bénéfice (1).

---

¹ Jusqu'en 1870, les fonctions de 1ᵉʳ chef d'orchestre avaient été remplies par des artistes étrangers qui suivaient les troupes et, le plus souvent, ne restaient à Aix que pendant une saison. M. Pourcel est le premier musicien

La troupe, bien que formée à la hâte, contenait quelques sujets intéressants. Le ténor Boudias, un peu usé, connaissait l'art d'utiliser les restes ; Mlle Valérie Léoni, 1re chanteuse, avait assez de voix et de talent pour se faire applaudir ; le trial Guillemot, une vieille connaissance de 1853, était toujours bon comique et bon chanteur ; enfin, les autres artistes étaient tous acceptables.

La saison, ouverte le 1er janvier par *Huydde,* se déroula sans incidents notables. Il y eut, le 16 mars, une représentation de *Lucie* à laquelle le baryton Lourde prêta l'aide de sa puissante voix ; et la clôture se fit, le 21 mars, avec la *Favorite.*

Le 10 avril, *Faust* fut représenté au bénéfice de Mme Ferrari, duègne, avec le concours de M. Bacquié, basse du grand théâtre de Marseille ; la société Ste Cécile s'était chargée de la partie chorale. L'exécution, assez médiocre au point de vue de l'ensemble, valut un grand succès à Bacquié qui dut bisser la ronde du Veau d'or et la sérénade.

On eut, le 1er mai, une bonne représentation de *Guillaume Tell* donnée par des artistes de mérite dont les principaux étaient : Mme Raspaud, chanteuse légère ; MM. Rohany, fort ténor ; Lourde, baryton. La soirée se termina par les *Noces de Jeannette* où Mme Raspaud et Lourde rivalisèrent de verve et de talent.

1875-76. Direction Borsat.

A la soirée de début, le 28 novembre, l'exécution des *Mousquetaires de la reine* se trouva un peu compromise

---

aixois auquel cet emploi sera confié d'une manière permanente ; et il l'occupera, sans interruption, pendant vingt-cinq années (de 1872 à 1897).

J'ai, cependant, ouï dire par des personnes dignes de foi que, vers le commencement du siècle dernier, l'orchestre avait été dirigé par un autre aixois, Pierre Reynier, père du renommé organiste aveugle de la Madeleine. Mais je n'ai pu étayer cette tradition orale sur aucun document écrit.

par suite de l'émotion qu'éprouvaient plusieurs artistes, notamment M. Mitelet, 1er ténor, et Mlle Paris, dugazon. Cette dernière, jeune débutante, était la fille de M. Paris qui avait occupé, à plusieurs reprises, l'emploi de chef d'orchestre. Mlle Léoni, la 1re chanteuse de l'année précédente, fit une bonne rentrée.

La première représentation de *Mignon* eut lieu en janvier. Par son poème sentimental et sa musique mélodique, cet ouvrage séduisit le public de prime abord ; il en fut donné 8 représentations qui procurèrent au directeur autant de bonnes recettes.

A la représentation de *Faust* donnée le 8 avril, au bénéfice de M. Pourcel, chef d'orchestre, M. Bacquié tint de nouveau, d'une façon brillante, le rôle de Méphistophélès.

Les artistes des Variétés (de Paris), ayant à leur tête Baron et Mlle Leriche, donnèrent, le 26 juin, une soirée fort amusante. Le *Passage de Vénus*, les *Giboulées* et plusieurs chansonnettes excitèrent vivement l'hilarité du public.

1876-77. Direction Schmidt.

Il convient de mentionner ici un arrêté municipal, daté du mois d'octobre, décidant que les artistes seront admis ou refusés après le vote de tous les abonnés et d'un nombre égal de spectateurs du parterre. Pour être admis, on devra réunir les 2/3 des voix. Ce système, qui a toujours été pratiqué depuis, est évidemment préférable à celui des acclamations où les spectateurs les plus bruyants imposaient leur volonté aux autres.

Quelques représentations de comédie et de drame furent données avant la constitution définitive de la troupe.

Les artistes de l'opéra se présentèrent, le 4 novembre, dans les *Mousquetaires de la reine*. Le ténor Léo Lucca avait la voix fraîche et bien timbrée. Mlle Labarre, 1re chanteuse, était bonne comédienne, mais sa voix parut inégale ; le rôle de Rose Friquet (*des Dragons*), dans lequel elle fit son 3e début, ne lui fut pas favorable : il lui manqua une voix pour être admise. Elle eut pour remplaçante Mlle Valérie Léoni, qui avait déjà tenu l'emploi pendant les deux années précédentes.

Le directeur, M. Schmidt, était un comique de talent ; il fit sa première apparition sur la scène, le 6 décembre, dans une comédie nouvelle intitulée le *Procès Veauradieux*.

L'inauguration de la statue de Mirabeau dans la cour de l'Hôtel-de-Ville donna lieu, le 17 décembre, à une fête qui se termina par une soirée de *gala*, pendant laquelle on entendit la *Fille du régiment* et une Cantate pour soli, chœur et orchestre. Les auteurs de cette Cantate étaient MM. J.-B. Gaut pour les paroles, et Lapierre pour la musique.

La soirée du 4 janvier fut signalée par un commencement de panique. Le simulacre d'incendie qui a lieu au 3e acte de *Mignon,* réussit tellement que plusieurs personnes crurent à un incendie véritable, et s'empressèrent de quitter la salle en criant : *au feu.* Mais, il n'y avait, en réalité, aucun danger ; et le spectacle, interrompu un moment, put aussitôt reprendre. Ce ne fut donc qu'un incident tragi-comique.

Au mois de février, M. Schmidt ne pouvant parvenir à équilibrer son budget, abandonna la direction. Les artistes donnèrent encore quelques spectacles, et clôturèrent la saison, le 4 mars, par le *Barbier* et les *Dragons de Villars.*

1877-78. Direction Emile Auguste.

Les mauvais résultats de la dernière saison amenèrent la suppression de la subvention pour 1877-78. Néanmoins un directeur, M. Emile Auguste, s'étant proposé pour donner des représentations de comédie et de drame, vit son offre agréée par la municipalité.

Après les représentations de la *Tour de Nesle* et des

Vivacités du capitaine Tic, pièces de genres très différents, on put se former une opinion sur les artistes qu'avait réunis M. Émile Auguste : M. Delaistre rendit très bien le rôle de Buridan ; il fut moins bon dans celui du capitaine Tic. Mme Lucrèce, 1er rôle, produisit une bonne impression. Le comique Canonge eut beaucoup de succès. Les représentations continuèrent par la *Bouquetière des innocents*, les *Mystères de l'été*, la *Papillonne*, *Lucrèce Borgia*, etc. Quoique rendus convenablement, ces ouvrages attirèrent peu de monde ; et, le 9 décembre, M. Émile Auguste, constatant que le vide de la salle se répercutait dans sa caisse, renonça à la direction et licencia sa troupe.

Le théâtre étant resté fermé pendant un mois, rouvrit ses portes, le 12 janvier, pour une représentation du *Trouvère*, organisée par un impresario nommé Jouque, qui continua son exploitation en donnant *Faust*, dont l'exécution fut passable. Mais, le 20 janvier, les *Noces de Jeannette* et la *Favorite* échouèrent complètement. Cette dernière soirée mit fin à la direction éphémère de M. Jouque.

1878-79. Direction Roumégoux.

La première soirée causa, le 7 novembre, une grande déception. D'après les bruits qui avaient circulé, on s'attendait à une excellente représentation des *Mousquetaires de la reine* ; et cette représentation fut, au contraire, des plus médiocres. Le ténor Watson se trouva subitement indisposé, ce qui contribua, pour une bonne part, au désarroi général ; Mlle Sorandi, 1re chanteuse, parut intimidée et hésitante ; les ensembles laissèrent beaucoup à désirer.

Il y avait donc lieu, pour les premiers sujets, de prendre une revanche et de faire disparaître la mauvaise impression causée par les *Mousquetaires*. Cette revanche se produisit, en effet, trois jours après, dans la *Dame blanche* ; M. Watson fut un Georges Brown charmant, et Mlle Sorandi tint très bien le rôle de Miss Anna.

Le *Pré aux clercs* fournit, le 18 décembre, une bonne soirée. Mlles Sorandi et Delbos ; MM. Watson, Peytou, Jogand, eurent part au succès ; Nardin, ancien trial du grand théâtre de Marseille, rendit supérieurement le rôle de Cantarelli. Le solo de violon, au 2ᵉ acte, fut joué par M. Bruguier en remplacement de M. Wanski, que son âge avancé venait de mettre dans la nécessité de quitter le théâtre. Ce solo a une importance considérable par suite de la tradition qui veut que chaque violoniste y intercale un point d'orgue plus ou moins long et difficile selon ses goûts ou ses aptitudes. M. Bruguier fit entendre un brillant point d'orgue. A la 2ᵉ représentation, donnée le 26 décembre, M. Giraud, successeur de M. Wanski, dont il avait été l'un des meilleurs élèves, eut à exécuter le solo ; il le rendit très bien, et prouva par là qu'il était digne de remplacer son vieux professeur.

En février, on donna pour la première fois les *Cloches de Corneville*. La musique légère mais gracieuse de cette pièce plut au public qui applaudit les principaux morceaux, et surtout la *Ronde des servantes*, dont les couplets étaient finement détaillés par Mlle Elisa Delbos.

Il y eut, le 15 mars, une bonne représentation de la *Favorite* organisée par la société Ste Cécile avec le concours de Mlle Jacquetti, chanteuse, et de MM. Lédérac, baryton et Garnier, ténor. Le rôle de Balthazar fut tenu par M. Duvernet, choriste, qui s'en acquitta très convenablement.

1879-80. Direction Viard.

Avant l'ouverture de la saison théâtrale, un grand concert fut donné, le 25 octobre, par le Cercle musical, au bénéfice des pauvres. La pièce capitale de ce concert était le *Gloria victis*, grande ballade pour soli, chœurs et orchestre, paroles de M. Eugène Rostand, musique de M. Alexis Rostand. Les malheurs de 1870 avaient inspiré à MM. Rostand frères cette œuvre dont le sujet était une fiction poétique représentant, à la fin d'une bataille, un jeune soldat blessé, devant lequel apparaissent successivement, dans une vision suprême, sa mère, sa fiancée, des héros guerriers et enfin la patrie. La partition de M. Alexis Rostand reflétait bien le souffle patriotique et les nobles sentiments exprimés par les paroles ; des mélodies touchantes, des chœurs pleins d'énergie, une orchestration colorée, une harmonie savante : telles étaient les qualités qui recommandaient l'œuvre de ce jeune compositeur. L'exécution, dirigée par le maestro Pourcel, ne laissa rien à désirer. La partie de soprano fut admirablement chantée par Mme Rabaud de Maëzen, créatrice de l'ouvrage ; M. Gueidan, professeur de chant à Marseille, s'était chargé des soli de ténor, qu'il dit avec beaucoup d'expression ; un chœur composé d'une cinquantaine de voix choisies et un orchestre renforcé par de nombreux amateurs, fournirent, après de sérieuses répétitions, un ensemble des plus satisfaisants.

Trois jours après, c'est-à-dire le 28 octobre, les artistes engagés par M. Viard, l'ancien ténor de 1868 et 1869, se présentèrent au public dans une représentation de *Si j'étais roi*. Mais, les premiers débuts n'eurent lieu que le 30 octobre, par la *Juive*. On trouva que le fort ténor, Pétrossini, abusait de la voix de tête. Mlle Jane Gros était charmante sous le costume de Rachel ; sa voix était fraîche et bien timbrée ; et, quoique débutante, elle joua son rôle avec aisance. M. Desuiten, 1re basse, était bon chanteur et bon comédien.

On constata, avec satisfaction, qu'un nouveau Lustre, plus grand et plus puissant que l'ancien, ornait et éclairait mieux la salle.

Les représentations suivantes, moins bonnes que celle de la *Juive*, déterminèrent plusieurs artistes à résilier leurs engagements. La direction s'empressa de remplir les vides : Une nouvelle chanteuse, Mlle Jarry Harville et un baryton, M. Magno, débutèrent avec succès, ainsi que M. Gauthier, ténor léger. Une excellente acquisition fut celle de Mme Magno, pour les rôles de dugazon.

Il y eut, dans les premiers jours de décembre, une représentation accidentée de *Guillaume Tell*, pendant laquelle M. Pétrossini, par suite de je ne sais quelle indisposition, provoqua les éclats de rire du public, et dut se retirer sans avoir achevé le récitatif de son entrée en scène. Heureusement, M. Viard, qui avait autrefois chanté le rôle d'Arnold sur notre théâtre, voulut bien le reprendre pour la circonstance ; et, quoique sa voix ne fut plus ce qu'elle était dix ans auparavant, notre ancien ténor retrouva un écho de ses succès d'antan, et termina, sans autre incident, cette représentation fortement compromise à son début.

Un rhume persistant de M. Gauthier obligea la direction à lui donner un suppléant en la personne de M. Watson, le ténor de l'année précédente ; et comme ce dernier était aussi sujet aux enrouements, il en résulta que les deux ténors se remplacèrent alternativement jusqu'à la fin de la saison.

Le 17 janvier, on donna pour la première fois l'opéra de Gounod, *Roméo et Juliette*. Malgré une assez bonne exécution, cette œuvre estimable, mais un peu monotone, ne plut que médiocrement. Le rôle le mieux tenu était celui du page, dont la Sérénade valut à Mme Magno les honneurs du rappel.

La *Traviata*, au bénéfice de M. Pourcel, procura au public l'occasion d'entendre une bonne chanteuse légère, Mlle de Joly.

Le 21 février, première audition de l'*Africaine*. Les principaux rôles furent très convenablement tenus ; les chœurs et l'orchestre n'eurent pas trop de défaillances ; la mise en scène était particulièrement soignée.

Le *Prophète* qui, comme l'*Africaine,* n'avait jamais été

joué à Aix, fut représenté, le 13 mars, au bénéfice de M. Michaut, second chef d'orchestre. Mais, cet ouvrage contenant au moins autant de difficultés que l'*Africaine*, avait été monté beaucoup trop à la hâte pour que son exécution ne laissât pas à désirer. Aussi, il n'eut qu'une seule représentation ; et depuis lors, aucun directeur n'a osé le reprendre.

Une représentation de *gala* fut donnée le 20 mars. La pièce principale du programme était *Mireille* ; et, ce qui rendit le spectacle plus intéressant et y attira beaucoup de monde, ce fut la présence de Mistral qui, après avoir vu jouer son œuvre, dut subir les honneurs d'une apothéose et assister au couronnement de son buste, pendant que Mlle de Joly débitait une pièce de vers composés en son honneur par M. J.-B. Gaut. De vives acclamations furent adressées au grand poète provençal. Un ballet dansé par les artistes du grand théâtre de Marseille, compléta la soirée. Il y eut aussi un intermède dans lequel la société Ste Cécile chanta la *Cansoun dóu soulèu*, poésie de Mistral habilement adaptée, par le félibre F. Vidal, à la musique d'un chœur de Kucken.

Le dimanche 21 mars, l'affiche avait annoncé les *Huguenots*, pour la clôture. Au moment où le public s'impatientait d'attendre le lever du rideau, le régisseur vint annoncer que la représentation n'aurait pas lieu parce qu'il n'y avait pas assez de monde. Ainsi finit piteusement cette saison qui avait pourtant fourni quelques bonnes soirées.

A la représentation de la *Femme à papa* donnée, fin mai, par Mme Judic, la célèbre actrice mit, dans le rôle d'Anna, un talent si parfait que les applaudissements éclataient à chaque instant. Elle chanta, à la fin de la soirée, deux chansonnettes : *Bras dessus, bras dessous* et *Ne me chatouillez pas* ; le public, qui ne se serait jamais lassé de l'entendre, lui fit bisser ces chansonnettes, et la rappela plusieurs fois.

1880-81. Direction Louis Gautier.

M. Gautier était, en même temps, directeur du théâtre d'Aix et du Gymnase marseillais. Sa présence étant souvent indispensable à Marseille, il se fit représenter à Aix par M. Lionel, un comique qui y avait laissé d'excellents souvenirs.

La représentation du *Barbier* donnée le 3 novembre, valut des applaudissements à Mlle Mineur, 1re chanteuse et au baryton Sabatier. Le ténor et la basse eurent des contradicteurs ; le premier résilia et l'autre subit un échec.

La direction ayant présenté successivement plusieurs ténors insuffisants, le public finit par se fâcher ; et des scènes tumultueuses eurent lieu, pendant lesquelles, au milieu des cris et des quolibets, on réclamait la démission du directeur, et même celle du conseil municipal.

Enfin, la tempête fut calmée par la *Fille du tambour major,* nouveauté qui, ayant réussi à merveille, allait être jouée un grand nombre de fois. La onzième représentation en fut donnée, le 1er mars, au bénéfice de M. Pourcel, chef d'orchestre, qui reçut, selon l'usage, des cadeaux, des palmes et des couronnes.

La troupe fit ses adieux le 10 avril. La pièce choisie fut l'*Ombre,* opéra qu'on n'avait entendu, à Aix, qu'une seule fois lors du passage, en 1872, des artistes de l'Opéra-comique. L'exécution de 1881 ne valut pas, cela va sans dire, celle de 1872.

Il y eut, le 24 août, une représentation de la *Juive* organisée, au bénéfice des pauvres, par le Cercle musical, qui s'était assuré le concours de MM. Guiot (1), fort ténor ; Richard-Gaffet (2), ténor léger ; Charvet, basse ; Mmes

---

[1] M. Guiot, artiste aixois, n'avait songé à embrasser la carrière théâtrale qu'à un âge relativement avancé. Il ne devint pas moins, après avoir fait de bonnes études, en état d'occuper l'emploi de fort ténor sur les principales scènes de province.

[2] M. Richard-Gaffet avait, pendant longtemps, habité Aix, et étudié sous la direction de M. Pourcel.

Seasseau et Barry, chanteuses. La Société Ste Cécile avait bien voulu se charger de la partie chorale. L'exécution fut excellente, et la recette fructueuse.

1881-82. Direction Eugène Martin.

On donna, pour les débuts, les *Mousquetaires de la reine* et le *Violoneux*. M. Cadilhe, 1er ténor, avait déjà occupé cet emploi sur notre scène ; mais quinze années s'étaient écoulées depuis lors, et sa voix avait subi les outrages de ce long espace de temps ; aussi, fut-il bientôt obligé de résilier. Mme Danis, 1re chanteuse, plut au public par sa belle prestance et sa voix bien timbrée.

La direction engagea, pour quelques représentations, M. Pellen, fort ténor, qui parut, le 13 novembre, dans le *Trouvère*, et quelques jours après, dans *Guillaume Tell*. Sa belle voix fit supporter les faiblesses de l'ensemble.

Le 25 décembre, tandis que dans la ville entière on célébrait joyeusement la fête de Noël, la troupe théâtrale était plongée dans le deuil : Mlle Roque, forte chanteuse, dont les récents débuts dans la *Juive* et la *Favorite* semblaient présager un bel avenir, venait d'être enlevée, en quelques jours, à l'âge de 21 ans, par une cruelle maladie. Tout le personnel du théâtre assista à ses obsèques ; les principaux sujets firent entendre, à l'église, des chants funèbres ; et la Société Ste-Cécile chanta un chœur sur la tombe de l'infortunée jeune artiste.

La soirée du 1er janvier fut très orageuse. L'affiche annonçait *Lucie* avec un ténor de passage ; malheureusement, dès son entrée en scène, ce ténor laissa échapper plusieurs couacs qui soulevèrent de bruyantes protestations. La direction fit alors annoncer qu'on allait donner le *Petit Faust* en remplacement de *Lucie*.

Cependant, le directeur ne pouvant trouver un ténor qui convînt au public, se vit réduit à donner sa démission.

Les artistes se mirent en société sous la présidence de MM. Pourcel, Hyacinthe et Peytou, et continuèrent l'exploitation jusqu'à la fin de la saison.

Le 1er mars, Mlle Hortense Rolland avait fait jouer un vaudeville tiré d'un de ses romans et intitulé *On demande un infirme*, pièce bien écrite mais manquant un peu d'action.

1882-83. Direction Hyacinthe.

Aux termes du cahier des charges, M. Hyacinthe, trial et 1er comique de l'année précédente, ne devait donner que l'opérette, le drame et la comédie. Sa troupe débuta, le 4 novembre, par le *Petit duc*, ouvrage dans lequel brilla le trial-laruette Favre. Le ténor se retira sans terminer ses débuts. Mme Depoitiers, 1re chanteuse, était bonne actrice et mettait beaucoup d'entrain dans son jeu, ce qui faisait accepter sa voix un peu usée.

Dans les *Mousquetaires au couvent*, joués pour la première fois le 25 novembre, Favre et le ténor Richard-Gaffet (en représentation), contribuèrent pour une large part à la réussite de cette pièce.

Les débuts successifs de deux ténors qui ne furent pas agréés, causèrent de bruyants tumultes.

Après avoir suspendu le spectacle pendant quelques jours, et en présence des difficultés nombreuses qu'il rencontrait, le directeur se retira. Les artistes en société rouvrirent le théâtre, le 7 janvier, en jouant le *Petit duc* et les *Filles de marbre*.

La première représentation de la *Mascotte* procura, le 1er février, de nombreux applaudissements à tout le personnel, y compris les chœurs et l'orchestre.

En janvier et février, Talbot, de la Comédie française, se montra acteur consommé dans Triboulet du *Roi s'amuse* et Harpagon de l'*Avare*.

1883-84. Direction Pourcel.

M. Pourcel, chef d'orchestre, qui avait été directeur pendant l'année 1874-75, voulut, en l'absence de candidats sérieux, prendre de nouveau la direction. Cette deuxième tentative n'eut pas la même réussite que la première ; et, malgré un supplément de subvention offert par un groupe d'abonnés, M. Pourcel dut, à la fin de la saison, combler de ses deniers un certain déficit.

Mlle Stella de la Mar, 1re chanteuse, produisit une bonne impression, le 25 octobre, dans les *Mousquetaires de la reine* ; sa physionomie était sympathique, et sa voix fraîche et agréable. Le ténor Laidet fut contesté à cause de son organe faible et d'un son cristallin.

Il y eut des scènes grotesques, le 22 novembre, à propos d'une mauvaise représentation de la *Favorite* ; on chanta : *le voilà Nicolas, Adiou paouré*, etc. (1).

Le 16 décembre, on donnait pour la troisième fois la *Favorite*. Le public, trouvant qu'on rejouait trop souvent les mêmes pièces, fit un tel tapage qu'il fallut faire évacuer la salle.

M. Gense, ténor sur le retour mais bon artiste, se présenta dans *Haydée*, le *Songe d'une nuit d'été*, la *Traviata*. Grâce à lui, la crise théâtrale qui paraissait imminente, se trouva conjurée.

L'exécution de *Gillette de Narbonne*, donnée pour la première fois le 14 février, laissa quelque peu à désirer par suite de la hâte avec laquelle cette pièce avait été montée. Le même ouvrage, mieux rendu le 22, valut à Mlle de la Mar, bénéficiaire de la soirée, un grand succès se tradui-

---

1 Un musicien de l'orchestre, M. Pascal, contrebassiste, qui a pendant environ vingt années, noté, à chaque représentation, la composition du spectacle et les incidents qui s'y sont produits, a bien voulu me communiquer ses cahiers auxquels j'emprunte quelques détails. Il résume son impression sur cette soirée par les mots : *potin infernal*.

sant par des ovations, des corbeilles de fleurs, des couronnes et des écrins.

1884-85. Direction Jourdan-Blondel.

M. Jourdan-Blondel prenait la direction à des conditions pou avantageuses. Il n'avait pour toute subvention que l'exonération du droit des pauvres et des frais d'éclairage. Il fit, il est vrai, une heureuse innovation en donnant, les dimanches et fêtes, des spectacles en matinée et à prix réduit. Ces matinées, qui ont été continuées depuis lors, sont d'un grand secours pour les directeurs, attendu qu'elles leur donnent souvent de bonnes recettes sans augmenter sensiblement leurs frais généraux.

L'impression causée par les premiers débuts fut bonne. Mme Pupier, 1re chanteuse, était très bien en scène et possédait à fond l'art du chant (1). M. Foucras, ténor, avait de bons restes. M. Christophe, 1re basse, parut être bon chanteur et comédien.

On donna, le 30 novembre, la première matinée a prix réduit. Le spectacle se composait du *Chalet* et du *Sourd* ou l'*Auberge pleine*. Il y eut beaucoup de monde ; les artistes furent très applaudis par un public enthousiaste ; et ce premier essai fut d'un bon augure pour l'institution des matinées.

Un artiste de grand talent, M. Boyer, baryton de l'Opéra-comique, se présenta, le 31 janvier, dans le *Barbier*, et y obtint un très grand succès, qui se reproduisit à la soirée suivante lorsqu'il chanta, dans un intermède, la romance de *Joconde*.

Le 14 février, dans la *Traviata*, jouée à son bénéfice, Mme Pupier reçut de vifs applaudissements accompagnés de fleurs et de couronnes.

---

1 Mme Pupier, ayant quitté le théâtre pour le professorat, est venue se fixer à Aix, et tient, depuis quelques années, une classe de chant à l'École nationale de musique.

La clôture eut lieu le lendemain. Cette clôture était anticipée, le directeur ne pouvant aller plus loin faute de recettes et de subvention.

La Société chorale Sextia donna, le 25 avril au bénéfice des blessés du Tonkin, un grand concert dont la partie principale était *Ossian,* poème symphonique pour soli, chœurs et orchestre, de M. A. Flégier, compositeur marseillais, qui dirigea lui-même l'exécution ; son œuvre, d'une facture soignée, contenait quelques bonnes pages. M. Louis Gautier, directeur de la Société, fit exécuter, par les chœurs et l'orchestre, un morceau de sa composition intitulé *Marche des Aqui-Sextains,* pièce descriptive dans laquelle abondait la couleur locale. Mlle Fouquet (de l'Opéra) et M. Devriès (de l'Opéra-comique), prêtèrent à ce concert un précieux concours.

Le 15 octobre, une foule nombreuse se pressait aux abords du théâtre et envahissait la salle aussitôt que les portes furent ouvertes. Cet empressement inusité était provoqué par le désir d'entendre Sarah Bernhardt qui allait paraître dans *Ruy-Blas.* Elle ne fut pas au-dessous de sa réputation, et mit dans le rôle de la reine Maria toute la grâce, la douceur et aussi la passion qu'il comporte ; mais on regretta que la grande artiste n'eût pas choisi une pièce dans laquelle elle aurait joué le rôle principal.

1885-86. Direction Delparte.

Les débuts, commencés le 1er novembre, avec les *Mousquetaires de la reine,* continuèrent par *Lucie* et les *Dragons de Villars.* On admit, à l'unanimité, le ténor Voillequin ; mais le vote fut défavorable à la 1re chanteuse et à la dugazon.

La première représentation, à Aix, de *Carmen,* fait capital de l'année, eut lieu le 23 décembre. L'œuvre de Bizet, que les parisiens avaient mis si longtemps à comprendre, ne fut pas acceptée, le premier soir, sans quelque résistance ; et il fallut plusieurs auditions pour que le public se familiarisât avec cet ouvrage qui, par la tournure dramatique de son poème, aussi bien que par les tendances rénovatrices de sa musique, marque le début d'une évolution appelée à produire de grands changements dans l'art de la composition lyrique en France. L'ensemble laissa à désirer ; mais Mme Durini joua le rôle de Carmen en artiste consommée.

Mlle Séveste, de l'Opéra-comique, engagée pour plusieurs soirées, parut, le 4 février, dans le *Barbier*, et obtint un brillant succès ; malheureusement les autres interprètes se montrèrent faibles au point de provoquer, à plusieurs reprises, le mécontentement du public.

La clôture eut lieu le 25 mars. Au programme, figurait un vaudeville de M. Levat, professeur de physique. Ce vaudeville, intitulé l'*Haleine*, contenait des jeux de mots et des expressions originales qui égayèrent l'auditoire. Par la suite, M. Levat, auteur très fécond, produisit plusieurs autres pièces ; elles eurent toutes un semblable succès.

A la représentation de la *Favorite* donnée, le 22 mai, au bénéfice du *Sou des écoles*, les principaux rôles étaient tenus par MM. Guiot, fort ténor ; Queyrel, basse ; Claverie, baryton ; et Mlle Vidal, de l'Opéra, douée d'une puissante voix de contralto. Avec de pareils éléments, l'interprétation ne pouvait être que bonne ; elle fut encore relevée par la présence de quelques danseuses venues de Marseille, qui exécutèrent le ballet écrit dans la partition.

1886-87. Direction Donchet.

Bien qu'il ne fut obligé de donner que l'opérette et le vaudeville, M. Donchet, pour attirer le monde au théâtre, organisa, dès les premières soirées, des représentations de grand opéra, en faisant appel à des artistes étrangers. C'est ainsi qu'il y eut, le 1er novembre, une représentation médiocre de *Lucie*, et ensuite une mauvaise exécution de *Guillaume Tell*.

Après ces essais infructueux, il fallut retourner à l'opérette. On monta alors *Giroflé-Girofla* et la *Mascotte* qui n'obtinrent qu'un succès relatif, et amenèrent l'échec de la première chanteuse.

La *Petite mariée* servit de début à Mlle Roze-Leprince, dont la voix était un peu chevrotante ; mais son talent de comédienne l'emporta sur l'imperfection de son organe.

Le célèbre Coquelin aîné donna, le 1er février, une représentation du *Mariage de Figaro*. Il revint le 6, et joua, en matinée, *Tartufe* et les *Précieuses ridicules*, et le soir *l'Aventurière*. On put donc admirer, sous toutes ses faces, le talent du grand comique. L'opinion générale fut que les rôles de Figaro et de Mascarille lui convenaient mieux que celui de Tartufe. Coquelin était bien secondé par Mmes Marie Kolb, Patry, Suzonna, M. Duquesne.

Peu de temps après, M. Donchet abandonna la direction, et les artistes essayèrent de continuer les représentations. Mais l'association n'eut pas une longue durée.

On donna, le 26 février, un poème lyrique inédit portant le titre de *Rome et Judée*. Sur un sujet biblique signé d'Entremont, M. Hugh Cas, ancien chef d'orchestre, avait écrit une partition qui n'avait peut-être pas, en certains endroits, toute la gravité qu'aurait pu exiger le libretto, mais dans laquelle on reconnaissait une main exercée à la pratique de l'harmonie et de l'orchestration. Le compositeur dirigea lui-même l'exécution de son œuvre, qui reçut un bon accueil, ; seulement, par suite de la dislocation de la troupe, elle ne put avoir qu'une représentation.

1887-88. Pas de direction.

Il n'y eut aucune représentation au théâtre pendant cette année. La salle nécessitant de grandes réparations, fut livrée à M. Gastaud, entrepreneur, qui lui fit subir une transformation complète, consistant en réfection des loges, agrandissement des galeries, peintures, dorures, etc. Ces travaux, dont le devis primitif s'élevait à 48.000 francs, durèrent jusque vers le milieu de 1888.

1888-89. Direction Viard.

L'inauguration de la salle restaurée se fit à l'occasion d'une représentation de *Faust* donnée le 22 septembre, au bénéfice du *Sou des écoles*. Le chef-d'œuvre de Gounod avait pour interprètes Mmes Pupier, Durini, di Marco ; MM. Guiot, Bérardi cadet, Arnoldi, tous artistes de mérite, qui s'acquittèrent très bien de leurs rôles ; les chœurs, l'orchestre et le ballet venu de Marseille, marchèrent avec un bon ensemble. Cependant, le public resta assez froid au début de la soirée ; on attribua cette froideur à quelques défauts signalés dans la réfection des galeries, notamment à la difficulté de voir la scène, pour les spectateurs placés aux derniers bancs. Mais, peu à peu, le mécontentement se dissipa, et les applaudissements, d'abord timides, devinrent ensuite vigoureux et bruyants.

L'ancien ténor Viard, qui avait été directeur une première fois en 1879-80, fit débuter sa troupe, le 27 octobre, par la *Mascotte*, et le lendemain par les *Mousquetaires de la reine*. Dans la *Mascotte*, les suffrages du public allèrent à Mlle Labrouve, chanteuse d'opérette, jeune débutante à la voix fraîche et au minois charmant. Le ténor Noury chanta bien son rôle dans les *Mousquetaires*, mais il le joua d'une façon un peu trop dramatique. Mlle Valcourt, 1re chanteuse, paraissait émue, ce qui gênait l'émission de sa voix, elle résilia bientôt, et la direction s'adressa à Mme Arnaud, cantatrice de grand talent qui vint jouer, d'une façon remarquable, *Mignon* et la *Traviata*.

Le 23 décembre, eut lieu, dans *Mignon*, le début de M. Pellin, en remplacement du 1er ténor. Le public ne comprit pas, tout d'abord, qu'il avait devant lui un excellent chanteur doublé d'un habile comédien, et les qualités de M. Pellin ne furent reconnues qu'après plusieurs soirées.

M. Isnardon, basse de l'Opéra-comique, donna le 28 mai, une représentation du *Médecin malgré lui*, opéra de Gounod qui n'avait pas encore été entendu à Aix. Malheureusement, M. Isnardon se trouva indisposé ; et de plus, il était faiblement accompagné.

1889-90. Direction Louis Gautier (Emile Gautier fils, administrateur).

M. Louis Gautier qui, en 1880-81, avait dirigé le théâtre d'Aix en même temps que le Gymnase marseillais, eut encore, en 1889-90, deux théâtres sous sa direction : celui d'Aix et celui des Variétés (de Marseille).

Une représentation de *Faust* donna lieu, le 5 novembre, à un tumulte considérable. L'ouvrage était trop important pour la plupart des acteurs, et quelques-uns d'entre eux eurent à subir la mauvaise humeur du public. Cependant, Mmes Grégia, 1re chanteuse, et Gential, dugazon, qui faisaient leur troisième début, furent admises ; mais, on refusa le baryton et la basse, et le ténor résilia son engagement.

En janvier, Mme Horace Simon, chanteuse d'opérette, débuta dans la *Mascotte*, et y obtint un succès complet par son jeu savant et sa voix agréable.

Un vaudeville inédit, dont l'auteur était M. Bureaux, d'Aix, fut créé, le 23 janvier, sous le titre de *Coquin de mistral*. La pièce était bien traitée, mais le sujet manquait de nouveauté.

Le 1er février, les *Précieuses ridicules*, avec Marie Kolb et Coquelin fils, et la *Femme à papa*, avec Mme Judic, constituèrent un programme intéressant. On trouva cependant, que Mme Kolb était mieux dans les pièces modernes que dans le répertoire classique ; et que Coquelin fils chargeait un peu trop son rôle. Quant à Judic, elle était toujours inimitable, surtout dans les couplets grivois qu'elle soulignait si bien.

L'opéra de Bizet, les *Pêcheurs de perles*, fut donné le 20 mars. La médiocrité du poème et la faiblesse de l'exécution nuisirent à la partition qui contient, pourtant, des pages remarquables.

1890-91. Direction Lejeune et Pellin.

L'association formée entre MM. Lejeune, un mécène intelligent, et Pellin, un habile artiste ayant fait ses preuves sur notre scène, semblait promettre une très bonne saison théâtrale. Il n'en fut rien, et l'année 1890-91 n'eut pas un meilleur sort que les précédentes.

La troupe contenait, cependant, quelques bons sujets ; la représentation de *Faust* donnée pour les débuts, le 25 octobre, en fournit la preuve : Mlle Gilda Ganetti, 1re chanteuse, MM. Combes, basse, et Jagorel, baryton, obtinrent des marques d'approbation ; mais le ténor fut jugé moins favorablement. Dans l'opérette, Mme Danglade était excellente comédienne.

Après quelques représentations mouvementées, et après les débuts d'un ténor qu'on trouva vieux et usé, il y eut des manifestations bruyantes qui se continuèrent souvent dans les rues à l'issue du spectacle. Pour faire cesser le scandale, M. le Maire prit, à la date du 3 décembre, un arrêté qui ordonnait la fermeture du théâtre. « Considérant que « l'insuffisance de la troupe et les mauvaises représenta- « tions ont causé des scènes tumultueuses et que, le 2 dé- « cembre, des groupes nombreux ont parcouru les rues en « proférant des cris injurieux, et troublé le repos des « habitants. »

Le théâtre ne resta fermé que pendant quelques jours. On donna, le 14 décembre, une représentation de *Mignon*

« à titre d'essai » ; et, le 16, eut lieu, avec la même pièce, la réouverture officielle. La direction avait engagé deux nouveaux ténors, MM. Courtbois et Cadeau ; ces changements dans le personnel contentèrent le public, et la saison put se dérouler sans nouveaux incidents.

1891-92. Direction Maurice.

M. Maurice avait tenu l'emploi de trial pendant une partie de l'année précédente.

Malgré l'émotion qui étreignait la plupart des artistes à la représentation des *Mousquetaires de la reine* donnée le 20 octobre, pour les débuts, on reconnut que Mme Dewas, 1re chanteuse, avait une voix agréable et une bonne diction. M. Stéphane, ténor, faiblit un peu, tout d'abord, mais il se releva au 3e acte. Les chœurs et l'orchestre eurent quelques accrocs.

Mlle Éva Durand, 1re chanteuse d'opérette, n'eut pas, dans *Gillette de Narbonne*, l'entrain et la vivacité qui conviennent à ce rôle.

En attendant de trouver un remplaçant au 1er ténor, dont l'engagement avait été résilié, la direction s'adressa à M. Samat-Mikaelly, originaire d'Aix ; il obtint, le 5 novembre, dans *Faust*, un succès des plus mérités, et reparut, deux jours après, dans les *Mousquetaires de la reine*.

Mlle Coudray succédant à Mlle Durand, fit son premier début, le 12 novembre, dans la *Mascotte*. C'était une très gracieuse personne, mais sa voix était un peu fatiguée.

Les *Amours du diable*, opéra déjà ancien, mais qui n'avait jamais été joué à Aix, obtint, le 26 janvier, un assez grand succès, renouvelé pendant de nombreuses représentations. On s'était procuré les décors spéciaux et les trucs indispensables à l'exécution de cette pièce féerique.

M. Melchissédec, baryton de l'Opéra, excellent chanteur et parfait comédien, eut d'éclatants succès, le 11 février dans *Rigoletto*, et le 25, dans *Guillaume Tell*.

Le 5 mars, M. Isnardon, basse de l'Opéra-comique, qu'on avait déjà entendu sur notre scène, interpréta supérieurement le rôle de Méphistophélès dans *Faust*.

1892-93. Direction Causse.

La pièce choisie pour l'ouverture était *Miss Helyett*, opérette d'Audran représentée pour la première fois. Mme Causse joua le rôle d'Helyett en excellente comédienne ; Favre était très amusant dans le rôle du pasteur américain. On remarqua encore Bareille, un comique plein de naturel et Laporte, un second ténor ayant de la voix et du jeu. L'ensemble avec lequel la pièce fut rendue et les soins apportés à la mise en scène, justifièrent la réputation de directeur sérieux et capable qui avait précédé M. Causse à Aix.

La troupe d'opéra débuta, le lendemain 23 octobre, dans *Faust*. Le ténor faiblit sensiblement ; et la 1re chanteuse, très émue, ne disposait pas de tous ses moyens. Ils se retirèrent, l'un et l'autre, peu de temps après.

MM. Bonijoly et Paranque, deux bons artistes du grand théâtre de Marseille, parurent avec succès, l'un dans *Carmen*, l'autre dans *Faust*.

Mlle Elieze, nouvelle chanteuse, fit son premier début dans *Carmen*, et fut ensuite admise, mais avec une certaine opposition.

On put enfin avoir un ténor à titre définitif. Ce ténor, M. Bailly, montra à son début, le 11 décembre, dans *Mignon*, de sérieuses qualités, surtout comme chanteur.

La première représentation de *Manon* eut, le 3 janvier, une importance considérable, d'abord parce que cet ouvrage fut très bien monté, et ensuite parce qu'il constituait un nouveau pas dans la voie de transformation où *Carmen* avait fait entrer l'opéra-comique. Mme Causse quittant, ce soir-là, l'opérette pour le drame lyrique, mit dans le rôle de Manon toute la chaleur et l'expression désirables ; M.

Bailly fut un excellent des Grieux ; les autres rôles étaient tous bien tenus ; les chœurs et l'orchestre marchèrent avec un ensemble auquel on n'était pas habitué. En un mot, cette représentation fit honneur au personnel entier du théâtre, et particulièrement à M. Pourcel qui la dirigea et à M. Causse qui en avait réglé tous les détails.

On entendit, le 24 janvier, dans le *Bonhomme Jadis*, M. Silvy, artiste qui ne manquait pas de mérite. Après une longue carrière, il venait de se retirer à Aix, sa ville natale ; et malgré son âge avancé, il fit partie de la troupe pendant encore plusieurs années.

Un autre aixois, M. Fautrier, baryton, remplit le 26 février, le rôle d'Asthon dans *Lucie*. Sa voix puissante et bien dirigée lui valut beaucoup d'applaudissements.

L'*Etoile du nord*, opéra de Meyerbeer représenté pour la première fois le 7 mars, réussit fort peu, quoique le rôle important de Pierre fût très bien rendu par M. Breteneau, 1re basse.

Les 8 et 9 avril, l'illustre Rodolphe Salis, directeur du *Chat noir*, et ses principaux collaborateurs : Jules Jouy, Paul Delmet, Ferny, Démar, etc., donnèrent, dans la salle de l'*Eden*, deux séances très intéressantes. Outre l'*Epopée*, *Phryné*, la *Marche à l'étoile*, ces Messieurs firent entendre de nombreuses pièces de vers et chansonnettes de leur composition, dans lesquelles le sel gaulois était répandu à pleines mains. Les boutades spirituelles et gouailleuses de Salis, ajoutaient encore au piquant du spectacle.

La tragédienne Mme Segond-Weber parut dans *Phèdre* le 20 juin. Si elle n'avait pas la haute stature et l'organe puissant de Mlle Agar, elle mettait dans son jeu tant de vigueur et d'expression, qu'elle obtint le même succès et les mêmes acclamations que son éminente devancière.

1893-94. Direction Causse.

Faust, les *Dragons de Villars* et la *Mascotte*, représentés aux débuts, mirent tout le personnel en présence du public. Le 1er ténor parut insuffisant ; et la chanteuse, Mlle Azéma, eut quelque hésitation. Dans la *Mascotte,* Mme Causse fut une excellente Bettina ; M. Georges Dé, succédant à Favre dans le rôle de Laurent XVII, était bon comédien.

M. Leduc, nouveau ténor, débuta, le 9 novembre, dans le *Songe d'une nuit d'été ;* sa voix bien timbrée et sa bonne tenue en scène le firent juger favorablement.

La direction, encouragée par le succès de *Manon,* l'année précédente, monta un autre opéra de Massenet, *Werther,* qui, après de sérieuses études, obtint, le cinq décembre, une excellente exécution: Mme Causse et M. Leduc rendirent avec talent les rôles de Charlotte et de Werther ; les autres artistes eurent leur part de succès ; l'orchestre observa les nuances avec la plus grande exactitude.

Hamlet, autre ouvrage important qui n'avait pas encore été représenté, reçut, le 11 janvier, une exécution convenable, mais moins soignée que celle de Werther.

Une bonne représentation de *Lakmé* fut donnée, le 8 février, avec le concours de Mlle Vachot, cantatrice distinguée.

1894-95. Direction Emery.

La représentation de *Faust* donnée, le 27 octobre, avec un ensemble médiocre, fit pourtant ressortir les talents de Mme Deruy 1re chanteuse, et deMM. Milliat, 1re basse, et Deruy, baryton. L'opérette avait de bons interprètes en M. Emery, directeur, qui possédait une agréable voix de ténor léger, et Mme Blonville, une chanteuse entraînante ; ils obtinrent, l'un et l'autre, le 1er novembre, dans la *Périchole,* un succès de bon aloi.

Madame Sans-gêne, comédie de Sardou qui avait eu un

si grand retentissement, fut supérieurement rendue, le 26 novembre, par une troupe de passage dont le principal sujet était Mlle Gabrielle Berny, remarquable dans le rôle de la Maréchale.

La direction obtint, pour deux soirées, le concours de M. Queyla, ténor du grand théâtre de Marseille, qui eut beaucoup de succès en jouant *Carmen* et *Manon*.

A la première représentation du *Roi d'Ys,* donnée le 7 février, la musique savante et dramatique de Lalo eut des admirateurs, mais on trouva le poème peu intéressant.

Le 2 mai, Mme Favart et Coquelin aîné furent exquis dans *Cabotins,* de Pailleron. Il y eut, quelques jours, après, une bonne représentation de *Britannicus,* précédée d'une conférence faite par Mme Marie Laurent.

1895-96. Direction Pellin — puis Barret et Pallu.

Donner l'opéra-comique, l'opérette, la comédie, le vaudeville, et ne recevoir aucune subvention ; tel était le problème difficile que voulut essayer de résoudre M. Pellin, l'ancien ténor de 1888-89 et co-directeur en 1890-91. Le résultat de cette tentative hardie était facile à prévoir : à la fin du premier mois, le directeur fut obligé de licencier sa troupe.

On avait eu, cependant, des représentations intéressantes et quelques ouvrages bien rendus ; notamment le *Grand Mogol,* joué pour les débuts le 26 octobre, les *Dragons de Villars,* l'*Oiseau bleu,* la *Mascotte,* etc. Les principaux sujets étaient MM. Manoël et Dupuy, ténors ; Vignon, baryton ; Favre, laruette ; Mmes Yllord et Lucie Wilhem, chanteuses.

Pendant la direction Pellin, une soirée de gala fut donnée, le 11 novembre, à l'occasion des fêtes organisées en l'honneur de Peiresc. Après différents morceaux de chant et de musique instrumentale, la deuxième partie de la soirée fut consacrée à la création du *Vergié d'óulivié*, opéra-comique en provençal, paroles du poète Marius Bourrelly, musique de M. Borel, ancien chef de musique au 99ᵉ de ligne. Le libretto, paraphrasant la fable de la *Laitière et le Pot au lait*, ne manquait pas de couleur locale, et contenait de jolis vers et quelques scènes amusantes. Il y avait dans l'œuvre de M. Borel de charmantes mélodies, bien adaptées aux paroles, relevées par une orchestration élégante et une harmonie sobre et correcte. On trouva pour l'exécution, qui ne pouvait être confiée qu'à des personnes parlant le provençal, d'excellents interprètes en MM. Paul Pourcel, Clément Ollivier, et deux demoiselles de la ville, douées de très jolies voix, qui remplirent leurs rôles de la façon la plus satisfaisante. Ce fut au milieu des applaudissements que M. François Vidal, président de l'Association des félibres, vint offrir, sur la scène, une palme d'argent à M. Borel, et le haranguer en langue provençale.

Au mois de janvier, la municipalité accepta l'offre que lui firent MM. Barret et Pallu de jouer l'opéra, moyennant une subvention de 2.000 francs par mois.

A la représentation du *Trouvère* donnée le 9 janvier, M. Pallu, l'un des directeurs, obtint un grand succès dû à sa belle voix de baryton. Le ténor Bernard, quoique sur le retour, faisait encore plaisir. Mᵐᵉˢ Dartilly et Morand, tinrent très convenablement leurs rôles. Pendant deux mois, le répertoire de grand opéra, presque tout entier, défila sur la scène, entremêlé de quelques opéras-comiques ; et la saison fut clôturée par *Aïda*, qu'on voyait, à Aix, pour la première fois. Il y aurait de l'exagération à dire que ces représentations étaient exemptes de faiblesses et d'accrocs ; mais le public ne se montrait pas trop difficile, et il suffisait souvent d'un morceau bien chanté pour faire supporter toutes les imperfections de l'ensemble.

1896-97. Direction Delparte.

Le sujet le plus remarquable de la troupe engagée par M. Delparte, l'ancien directeur de 1885-86, était Mme Mouravieff, une chanteuse de la bonne école, possédant un tempérament dramatique ; on put l'apprécier, sous ce double rapport, aux représentations de la *Traviata* le 31 octobre, et de *Faust* le 3 novembre.

À la fin du premier mois, quelques changements se produisirent dans le personnel. M. Cartier, 1er ténor, ayant résilié, fut remplacé par M. Radoux qui débuta dans *Faust,* le 3 décembre ; il avait une voix sympathique et chantait avec goût, mais son répertoire était très incomplet.

Il y eut, le 23 décembre, une représentation de *Carmen* au succès de laquelle contribua, pour une large part, Mme Patoret, de l'Opéra-comique.

La première représentation d'*Ali-baba*, opérette de Lecocq, fut couronnée d'un succès complet. L'exécution était dirigée par M. Dupuy-Mouravieff qui, à cause d'une maladie persistante de M. Pourcel, occupa les fonctions de premier chef d'orchestre à partir de ce jour jusqu'à la fin de la saison.

Le 19 février, eut lieu la création d'un opéra-comique en 1 acte intitulé *Du soir au matin*, œuvre inédite d'un poète aixois, M. Xavier Liotard, et d'un musicien suisse, M. Kamm, pianiste distingué, résidant à Aix depuis plusieurs années. M. Liotard avait pris le sujet de son libretto dans une nouvelle de P.-L. Courier, qu'il avait essayé de rendre intéressante à la scène en y ajoutant une intrigue amoureuse. M. Kamm écrivit sur ce poème une petite partition dont plusieurs morceaux, notamment un quatuor et l'ouverture développée en style symphonique, décelaient une sérieuse connaissance de la composition.

La clôture se fit le 21 mars. Au programme, se trouvaient plusieurs actes pris dans différents ouvrages, et une pièce portant le titre de : *Idylle*, œuvre du frère de M. Dupuy, chef d'orchestre ; malheureusement, une exécution trop hâtive ne permit pas de l'apprécier à sa juste valeur.

1897-98. Direction Barret.

M. Barret ramenait quelques-uns des artistes qui avaient fait avec lui la campagne de 1895-96. Il eut à engager un chef d'orchestre pour remplacer M. Pourcel mis, par son état maladif, dans l'impossibilité de continuer ses fonctions ; mais, ce nouveau chef d'orchestre, M. Thaon, se retira après les deux ou trois premières représentations. Ce fut alors à M. Joseph Poncet, resté depuis en possession de l'emploi, qu'échut la tâche difficile (et dont il s'acquitta fort bien) de diriger, à l'improviste, de nombreux et importants opéras.

La représentation de *Faust* donnée, le 26 octobre, pour l'ouverture, fut favorable à M. Valgalier, ténor, ainsi qu'à Mme Vitaux, 1re chanteuse, et Mlle Duquenne, dugazon. Cette dernière reparut, le 30, dans les *Mousquetaires au couvent* et prouva, par son jeu intelligent et ses gestes délurés, qu'elle avait les qualités voulues pour tenir l'emploi de 1re chanteuse d'opérette.

La première audition de la *Vivandière*, opéra de B. Godard, eut lieu le 16 décembre. Interprétation convenable ; poème médiocre ; musique bien écrite mais inégale : telle fut l'appréciation portée sur cette pièce.

Le 25 décembre, on entendit, dans la *Juive*, M. Ayrot, fort ténor ayant de belles notes aiguës. Il reparut ensuite plusieurs fois dans le même ouvrage et dans *Guillaume Tell*.

On donna, en février, la première représentation d'un opéra qui avait fait grand bruit à son apparition : *Cavalleria rusticana*. L'œuvre de Mascagni, bien exécutée, parut intéressante par son allure dramatique.

La saison se termina vers la fin de février, et dans des conditions très défavorables au point de vue pécuniaire.

Le 16 avril, Coquelin cadet fut excellent dans le *Gendre de M. Poirier* et dans plusieurs monologues qu'il débita avec une bonhomie charmante.

1898-99. Direction L. Gimbert — puis Borrelly.

M. Gimbert n'était tenu de donner que l'opérette, mais il monta aussi quelques opéras-comiques. Sa troupe était complétée par un groupe de danseuses. L'ancien directeur, M. Causse, présidait aux répétitions avec le titre de directeur artistique. Mme Causse faisait également partie du personnel ; elle joua avec son talent ordinaire, le 22 octobre, le rôle de Mingapour dans le *Grand Mogol*. A la même représentation, Mme Lamoureux mit beaucoup de chic et de distinction dans le rôle d'Irma.

En décembre, la pièce d'Edmond Rostand, *Cyrano de Bergerac*, dont le succès avait été si grand à Paris, fut représentée par une troupe de passage ayant comme premier sujet M. Hirch.

Ici s'arrête la gestion de M. Gimbert, qui céda la place à M. Borrelly, baryton de la troupe.

La nouvelle direction débuta par *Faust*, où se produisirent de nouveaux artistes : MM. Legrand, ténor ; Merlin, basse ; Mlle Duport, chanteuse.

On entendit, le 2 mars, dans *Rigoletto*, un aixois, M. Berrone, à qui son talent naissant et sa belle voix de baryton valurent de vigoureux applaudissements.

L'ouvrage le plus important monté pendant la saison fut, le 7 mars, *Paillasse*, opéra dont les scènes émouvantes sont fort bien exprimées par la musique vigoureuse et expressive de Leoncavallo.

Le cinquantenaire de la fondation de l'Ecole nationale de musique, fut célébré par de grandes fêtes. Il y eut, au

théâtre, le samedi 20 mai, une représentation de *gala* dont
le programme portait, outre plusieurs morceaux de musique et de déclamation, un opéra-comique inédit, en un
acte, intitulé le *Torpilleur*, paroles de X. Liotard, musique
de Charles Pourcel, ancien chef d'orchestre. Ce petit
opéra obtint du succès par quelques scènes comiques du
poème, ainsi que par d'agréables motifs que M. Pourcel,
en musicien bien organisé, avait introduits dans sa partition. Le lendemain, 21 mai, une grand'messe en musique,
de la composition de M. Lapierre, directeur-fondateur de
l'Ecole, fut exécutée à l'église de la Madeleine, sous la
direction de l'auteur, par tout le personnel de l'établissement. L'après-midi eut lieu, dans une cour du Lycée,
l'exécution de *Christophe Colomb*, de Félicien David,
dirigée par M. Pourcel. Un vent trop violent nuisit à cette
audition en plein air.

1899-1900. Direction Derval.

L'ouverture de la saison eut lieu, le samedi 28 octobre,
par une représentation de la *Mascotte*. Le lendemain,
dimanche, on donna, en matinée, les *Mousquetaires au
couvent*, et le soir *Faust*.

Mme Dariny, 1re chanteuse, fut mise hors de pair, moins
pour ses qualités de cantatrice que pour le talent dramatique qu'elle déploya dans le rôle de Marguerite. M. de
Lerick, dont la voix était forte et agréable, tint très bien
le rôle de Faust. Mme Bellina, 1re chanteuse d'opérette,
enleva lestement les deux rôles dans lesquels elle parut.

La *Poupée*, pièce amusante malgré son extrême invrai-
semblance, fut bien rendue, le 14 décembre, par les
artistes de l'opérette, ayant en tête Favre et Mme Bellina.

Le *Tribut de Zamora* eut peu de succès. Cet ouvrage
médiocre de Gounod ne devait pas réussir sur notre théâtre, alors que la somptueuse mise en scène et la brillante

exécution de l'Opéra n'avaient pu, à Paris, le préserver d'un échec.

Un opéra nouveau de Massenet, la *Navarraise*, représenté le 8 février, valut un triomphe à Mme Dariny qui rendit, avec une vérité saisissante, le rôle passionné d'Anita.

Les deux dernières représentations furent consacrées, les 15 et 18 mars, à une production aixoise : *Protis*, grand opéra en 3 actes, paroles de M. A. Beisson, musique de M. Henri Poncet. Le sujet de *Protis* était emprunté à la légende de la fondation de Marseille par les Phocéens. M. Beisson avait tiré de ce canevas un poème intéressant, en y mêlant des scènes d'amour et de jalousie. M. Poncet abordait le théâtre pour la première fois, mais il n'était pas moins un vieux compositeur. Agé de 69 ans, et, depuis près d'un demi-siècle, maître de chapelle à la Métropole St-Sauveur, il avait produit d'importantes compositions religieuses, caractérisées par leur irréprochable correction. Il put donc mettre à profit ses connaissances techniques et sa longue expérience en écrivant une partition soignée, dont les pages les plus saillantes étaient un prélude symphonique d'excellente facture, des chœurs et des morceaux d'ensemble fort bien développés. Mme Dariny mit dans le rôle de Gyptis tout son talent de chanteuse et de comédienne ; elle fut bien secondée par MM. de Lerick, Béchet et Milliat. Les chœurs et l'orchestre, sous la direction de M. J. Poncet fils, marchèrent avec un ensemble convenable.

1900-1901. Direction Bremond et Capeille — puis Borrelly.

La première représentation, donnée le 27 octobre, fut très orageuse. Le vacarme commença dès le 1er tableau de *Faust,* à l'entrée de la basse, qui eut quelques intonations malheureuses. Un des deux directeurs voulut haranguer le public, mais les cris et les coups de sifflet l'empêchèrent de se faire entendre. Son collègue se présenta alors ; on le laissa parler, et sur sa promesse que la basse allait être remplacée, la représentation put continuer. MM. Vallès, ténor ; Borrelly, baryton ; Mme Darty, 1re chanteuse ; et Mlle Leriche, 2e dugazon, obtinrent même des applaudissements.

Mlle Séraldy, 1re dugazon, fit un heureux début dans les *Dragons de Villars*.

A la fin du premier mois, MM. Bremond et Capeille renoncèrent à la direction ; et M. Borrelly, baryton, se chargea, comme il l'avait fait en 1898-99, de continuer l'exploitation.

Dans le courant du mois de décembre, M. Bailly, l'ancien ténor de 1892-93, reparut dans la *Traviata, Faust,* la *Favorite, Lucie,* etc. ; et fut toujours très agréable à entendre.

La gestion de M. Borrelly ne donna pas de meilleurs résultats financiers que celle de MM. Bremond et Capeille. Par un avis, en date du 10 mars, le directeur fit connaître aux abonnés que le montant des seize représentations qui n'avaient pu être données, leur serait remboursé par le contrôleur.

Après la clôture, M. Pellin, professeur de chant, ancien directeur, voulut essayer de fonder un théâtre d'application, en montant quelques petits opéras dont tous les rôles seraient tenus par ses élèves. Il obtint la disposition de la salle, et donna plusieurs soirées dans lesquelles on vit représenter *Maître Pathelin, Bonsoir M. Pantalon,* le *Voyage en Chine,* par des jeunes gens des deux sexes qui, habilement stylés par leur maître, s'acquittèrent de leurs rôles comme de vrais acteurs. Chaque représentation était complétée par un intermède de chant. Malheureusement, la saison estivale et les vacances furent cause qu'un auditoire trop peu nombreux suivit ces soirées ; et M. Pellin renonça à continuer sa tentative de vulgarisation théâtrale.

1901-02. Pas de direction.

Aucun candidat à la direction n'ayant pu, ou voulu, verser le cautionnement exigé par le cahier des charges, il fallut, pour cette année, se contenter de quelques représentations données par des artistes de passage.

Parmi ces représentations, je citerai celle du 1ᵉʳ décembre, où deux comédies, les *Femmes nerveuses* et *Tête de linotte,* furent très bien rendues par une troupe qui avait, comme étoile, Mˡˡᵉ Jane May ; et celle du 1ᵉʳ février, dans laquelle la tournée Berny représenta le *Billet de logement,* pièce amusante, mais dont quelques scènes un peu trop crues, choquèrent une partie des spectateurs.

Le 29 mai, une représentation de *Manon* organisée, au profit des sinistrés de la Martinique, par l'Association Démocratique, valut de vifs applaudissements à tous les exécutants, et surtout à M. et Mᵐᵉ Mikaelly, chargés des deux principaux rôles.

La comédie d'Alexandre Dumas père, *Henri III et sa cour,* donnée le 14 octobre, parut un peu vieillotte ; mais on applaudit beaucoup les interprètes, dont les plus remarqués furent M. Joumard et Mᵐᵉ Lina Munte.

1902-03. Direction Barret.

Dès la première représentation, donnée le 30 octobre, on put juger, par la manière dont furent rendus les *Mousquetaires de la reine,* que la troupe de M. Barret était bien composée. M. Ariel, un grand et gros ténor, avait une petite voix claire dont il tirait un excellent parti ; comme acteur, il montra beaucoup d'aisance et d'aplomb. M. Rambaud fut un superbe capitaine Roland, bon chanteur et parfait comédien. Mᵐᵉ Oswald, 1ʳᵉ chanteuse, était une très belle femme, élégante, distinguée, possédant une voix agréable ; mais elle avait un répertoire beaucoup trop restreint ; elle manqua d'assurance à cette première soirée, précisément parce qu'elle ne savait qu'imparfaitement son rôle.

Le baryton Berrone reparut sur la scène le 27 novembre dans *Rigoletto*, et le 4 décembre dans *Guillaume Tell*. Il fut facile de reconnaître, à sa tenue et à sa manière de phraser, qu'il avait accompli de nouveaux progrès.

Pour attirer du monde à la représentation de *Mireille*, le 1ᵉʳ janvier, la direction avait engagé les *farandoleurs* d'Aramon, au nombre d'une vingtaine. Ils prirent part à la farandole du 2ᵉ acte, ce qui donna plus d'éclat à cette scène éminemment provençale.

Le plus grand succès de l'année fut obtenu par la *Bohême*, de Puccini, dont la première représentation eut lieu le 8 janvier. L'ouvrage reçut une exécution de premier ordre. Le public, qui paraissait s'attacher plus au poème qu'à la musique, se laissa séduire par l'entrain avec lequel étaient rendues les scènes variées de cet opéra ; il applaudit surtout la retraite qui termine le 2ᵉ acte, et qui fut réellement le *clou* de la pièce.

On donna pendant la saison, la *Dame blanche*, *Haydée*, le *Songe d'une nuit d'été*, opéras qui n'avaient pas été repris depuis un certain nombre d'années, et qui furent revus avec plaisir par tous les vieux habitués du théâtre. Cependant, l'évolution commencée par *Carmen* et *Manon* avait suivi son cours. L'opéra-comique, longtemps battu en brèche par l'opérette, se trouvait maintenant aux prises avec le drame lyrique ; et l'on put s'apercevoir, à l'attitude réservée d'une partie de l'auditoire, qu'une sérieuse atteinte avait été portée à tous ces ouvrages charmants dont la *Dame blanche* était le prototype. Pauvre *Dame blanche* ! On demande aujourd'hui des émotions plus fortes et plus vives que celles que tu fis éprouver à tant de générations ; ta musique mélodieuse et tendre ne répond plus à l'état d'âme du public ; au gracieux marivaudage de ton poème, on préfère des scènes tragiques, des passions violemment exprimées. Je ne veux pas te laisser tomber dans l'oubli sans adresser un souvenir ému à tes douces cantilènes qui charmèrent ma jeunesse (1).

1903-04. Direction Paul Illy.

M. Illy avait fait, comme artiste, ses premiers débuts sur notre scène en 1885. Il présenta sa troupe le 20 octobre, dans *Faust* ; l'interprétation fut bonne de la part de Mme Cialdini, 1re chanteuse, et de M. Marest, 1er ténor. Le reste ne sortit pas de l'ordinaire.

A la reprise de la *Bohême,* qui avait obtenu un si grand succès l'année précédente, la comparaison ne fut pas favorable aux pensionnaires de M. Illy.

Le 10 novembre, la première représentation des *Saltimbanques,* opérette nouvelle, obtint un succès considérable. On s'intéressa au poème, à la fois sentimental et burlesque, et à la musique rythmée et entraînante de cette pièce que rendirent, avec un bon ensemble, Mmes Lejeune, Hasselmans, MM. Milard, Laporte, Roussel et toute la troupe.

Dans l'*Attaque du moulin,* autre ouvrage nouveau mais d'un genre bien différent, représenté le 19 novembre, M. Illy, directeur, s'était chargé d'un des rôles les plus importants et le rendit en chanteur et comédien consommé ; les autres rôles étaient tous bien tenus. Néanmoins, la musique heurtée et bruyante de Bruneau ne fut pas trop goûtée.

Samson et Dalila reçut également, le 10 décembre, une bonne exécution qui fit ressortir la valeur de l'œuvre de Saint-Saëns, sa riche harmonie et sa brillante orchestration.

Le 21 janvier, fut donnée la première audition de la *Taverne des Trabans,* opéra de M. Henri Maréchal, compositeur connu dans notre ville qu'il a souvent visitée

---

1 La *Dame blanche* fut créée à Paris en 1825. Le *Mémorial* du 29 décembre 1842 dit que cet opéra avait fait son apparition sur le théâtre d'Aix vers 1827.

en qualité d'inspecteur des écoles de musique. M. Maréchal était venu présider aux répétitions générales de son ouvrage et assister à la première représentation. L'exécution laissa très peu à désirer. Parmi les artistes, qui tous rivalisèrent de zèle et d'application, M. Maucci, baryton, se fit particulièrement remarquer. La société des *Enfants de Provence* prêta son concours pour renforcer les chœurs. La musique de M. Maréchal, claire, soigneusement écrite et bien appropriée au sujet, fut facilement comprise du public, qui manifesta sa satisfaction en appelant deux fois le compositeur sur la scène.

Une dernière nouveauté parut le 4 février ; c'était une création locale. Le poème, sous le titre de *Arlette,* était de M. Georges Lobin, et la musique de M. Joseph Poncet, chef d'orchestre. De cette collaboration était née une œuvre fraîche et simple, contenant des vers bien tournés et de gracieux motifs musicaux. Le tout reçut du public un bon et sympathique accueil.

1904-05. Pas de direction.

Cette année, deux candidats aspiraient à diriger le théâtre ; c'étaient MM. Barret, ancien directeur, et Rambaud, 1ʳᵉ basse de 1902-03. La fatalité voulut qu'ils mourussent, l'un et l'autre, à quelques semaines d'intervalle, sans avoir pu traiter définitivement avec la municipalité. Ce double décès fut cause qu'il n'y eut pas de saison théâtrale en 1904-05.

Des quelques soirées que donnèrent les troupes de passage, une des meilleures fut celle du 10 décembre, dans laquelle M. et Mᵐᵉ Silvain, du Théâtre français, représentèrent le *Père Lebonnard,* comédie fort intéressante de Jean Aicard.

Le 27 février, une bonne représentation de *Notre jeunesse,* pièce d'Alfred Capus (un aixois qui fait honneur à sa ville natale) fut donnée par la troupe Hertz, ayant comme premiers sujets Mlle Moreno et Jean Coquelin.

En mai, une troupe italienne au grand complet, possédant quelques bons artistes, fit entendre *Rigoletto* et *Il Trovatore*. Malgré la présence d'un public assez nombreux, cette troupe ne put donner que deux représentations, ses frais étant trop considérables pour être couverts par les recettes.

1905-06. Direction Laporte.

A plusieurs reprises, M. Laporte avait fait partie de la troupe, soit comme trial, soit comme second ténor, rôles qu'il remplissait très correctement.

Il inaugura sa direction en donnant *Faust,* le samedi 28 octobre. La représentation aurait été bonne si le ténor n'avait pas faibli d'une manière inquiétante. Mlle Paulette Delba, une Marguerite frêle et mignonne, chanta son rôle d'une voix douce et pure qui lui conquit les sympathies du public. Si la voix de M. Nancey, 1re basse, n'avait pas toute l'ampleur et la sonorité désirables, son talent de comédien et de chanteur n'était pas moins réel. M. Gaspard (Valentin), Mmes Mancini (Siébel) et Laporte (dame Marthe), concoururent au sauvetage de la pièce.

Le personnel de l'opérette se présenta le lendemain, en matinée, dans la *Mascotte*. Mlle Mancini déploya beaucoup de verve et de talent dans le rôle de Bettina. Tous les autres artistes eurent part au succès, qui fut considérable.

Le premier soin du directeur dut être de chercher un successeur au ténor. Ce successeur, M. Fonquernie, débuta dans *Mignon* le 16 novembre ; on l'admit ensuite, bien qu'il y eut un peu de rudesse dans sa voix et quelques défectuosités dans sa diction.

Une joyeuse opérette, intitulée les *Fêtards,* fut menée avec entrain par MM. Nivière, Bracco ; Mmes Mancini, Laporte, Ursy.

Thaïs, opéra de Massenet donné pour la première fois le 7 décembre, obtint un succès assez retentissant. M. Nancey et Mlle Delba tinrent les deux premiers rôles d'une manière remarquable. On applaudit beaucoup la *Méditation*, qui est le morceau le mieux inspiré de l'ouvrage, et dont l'archet expressif de M. Giraud fit très bien sentir tout le charme.

Une autre nouveauté, à laquelle le public se montra un peu réfractaire, fut *Messaline*, opéra d'Isidore de Lara représenté le 18 janvier.

Guillaume Tell, donné le 15 février avec un ténor aphone, souleva des protestations qui ne purent être apaisées que par le remboursement du prix des places, et la promesse que la représentation ne compterait pas pour les abonnés.

La saison se termina par les *28 jours de Clairette*, pièce dans laquelle plusieurs artistes jouèrent leurs rôles d'une manière un peu trop chargée.

Mounet-Sully parut, le 13 octobre, dans la *Vicillesse de don Juan*, œuvre à laquelle il avait collaboré. Quoique visiblement fatigué, le célèbre artiste ne joua pas moins le rôle de don Juan avec le talent achevé qu'on lui connaît.

Le lendemain, en matinée, eut lieu la représentation de *Phyllis*, tragédie de M. Paul Souchon, jeune poète d'avenir, très connu dans notre ville où il a fait toutes ses études. Cette tragédie, écrite dans la forme classique, contenait des scènes pathétiques exprimées en vers purs et sonores. M. Léon Segond et Mlle Claude Ritter, entourés de quelques bons artistes, rendirent supérieurement les deux principaux rôles. L'auteur appelé sur la scène y reçut une longue ovation.

1906-07. Pas de direction.

Le manque de subvention eut pour résultat, cette année, de rendre impossible l'organisation d'une saison théâtrale.

Je dois noter, cependant, parmi les troupes de passage, celle du Châtelet (de Paris) qui donna, pendant les fêtes de la Noël, plusieurs représentations du *Tour du monde en 80 jours*. Cette féerie n'était guère qu'un prétexte à exhibitions, mais elle fut jouée avec un bon ensemble par tout le personnel, y compris l'éléphant.

En avril, une troupe de grand opéra, composée d'éléments quelque peu hétérogènes, donna une série de huit représentations, dont quelques-unes furent faibles, d'autres passables, d'autres, enfin, assez bonnes. A la tête de cette troupe, se trouvaient M. Gauthier-Selrack, un fort ténor qui avait brillé sur les grandes scènes de France et de l'Étranger ; et Mlle Blanche Semet, une falcon à la voix chaude et bien timbrée. Les autre sujets avaient tous, isolément, des qualités recommandables. Au nombre des ouvrages bien représentés, on peut mettre la *Juive* et *Guillaume Tell*, donnés les 18 et 21 avril. Mais, comme le grand opéra et le théâtre d'Aix n'ont jamais pu faire, pendant longtemps, bon ménage ensemble, il y eut bientôt un revers à cette médaille ; et, le 28 avril, les *Huguenots* furent l'écueil sur lequel se brisa la galère théâtrale commandée par le ténor léger M. Rolland.

M. et Mme Silvain, de la Comédie française, donnèrent, le 26 mai, une très belle représentation. Dans *Electre*, de Sophocle (traduction de M. A. Poizat), Mme Silvain exprima, avec une énergie émouvante, les sentiments de douleur et de haine qui animent la fille d'Agamemnon. Au début de la soirée, *Gringoire*, la fine et spirituelle comédie de Th. de Banville, avait fourni à M. Silvain l'occasion de représenter un Louis XI bien naturel. Tous les autres rôles, dans les deux pièces, étaient très bien tenus ; M. Laumônier mérite une mention particulière pour l'allure originale qu'il donna à son personnage de poète famélique.

1907-08. Direction Chambourdon.

Cette année, par laquelle je termine mon travail, peut être classée parmi les meilleures. Depuis longtemps, nous n'avions eu une troupe aussi complète que celle qui fut présentée par M. Chambourdon. De ce personnel nombreux, émergeaient quelques sujets d'élite : Mlle Forly, jeune débutante douée d'un vrai tempérament dramatique et d'une belle voix de mezzo-soprano ; Mlle Livson, chanteuse légère, égrenant avec facilité les vocalises les plus ardues ; Mme Barbot, une duègne-modèle qu'on avait applaudie, en 1891-92, sous le nom de Dewas, dans les rôles de 1re chanteuse ; M. Pons, baryton, rachetant, par un talent impeccable de comédien, la sonorité un peu faible de son organe ; M. Richemont, 1re basse, artiste consciencieux, possédant une voix puissante ; enfin, M. Ariel qui, après les débuts de deux ténors contestés, vint reprendre l'emploi qu'il avait tenu sur notre scène en 1902-03, et l'occupa jusqu'à la fin de la saison, sinon avec le même brio dans la voix, du moins avec la même sûreté et le même talent.

Au point de vue de l'ensemble et du fini dans l'exécution, les représentations d'opéra furent généralement bonnes, il y en eut même d'excellentes ; celles d'opérette furent, au contraire, très médiocres. Il est vrai que l'opérette n'était pas imposée par le cahier des charges.

Parmi les nouveautés de la saison, il faut citer, d'abord, deux opéras-comiques de Messager : *Véronique* et *Fortunio*, le premier confinant à l'opérette, le second d'un style un peu plus élevé ; ils se recommandaient, l'un et l'autre, par d'ingénieuses recherches harmoniques et orchestrales.

Puis, fut créé un opéra-comique en un acte, intitulé *Après le bal*, dont les paroles et la musique constituaient le premier essai d'un amateur, M. Auguste Auphan.

Quelques scènes adroitement conduites, des motifs bien venus et orchestrés avec goût, annonçaient, chez ce jeune poète-compositeur, d'heureuses dispositions. Tel fut l'avis du public qui lui fit une ovation chaleureuse.

Une dernière pièce nouvelle, la *Tosca*, de Puccini, termina l'année théâtrale. Il me serait difficile de porter un jugement sur cet ouvrage important que je n'ai pu entendre qu'une seule fois. En narrateur impartial, je dois dire qu'il eut des admirateurs et des détracteurs ; les uns exaltant, avec enthousiasme, ses tableaux dramatiques et sa musique expressive ; les autres affirmant que les scènes de torture, d'assassinat et de suicide qui forment le canevas de ce sombre drame, si bien soulignées qu'elles fussent par la musique, ne leur avaient produit que des sensations tristes et pénibles. Mais, tout le monde fut unanime pour louer la bonne interprétation que donnèrent à leurs rôles Mlle Livson, MM. Ariel, Pons, Richemont, Béchet ; ainsi que l'excellent ensemble obtenu par l'orchestre, que dirigea M. J. Poncet avec une parfaite compréhension de l'œuvre de Puccini.

Les opéras repris avec le plus de succès pendant la saison, furent : *Faust, Mireille, Werther, Manon,* le *Barbier de Séville, Cavalleria rusticana, Paillasse,* etc.

CONCLUSION

S'il n'y avait pas trop de prétention à vouloir tirer un enseignement de ces simples notes historiques, je pourrais dire que l'indication la plus évidente qu'elles fournissent c'est que, à toutes les époques, l'exploitation de notre scène a présenté de grandes difficultés. Déjà, sous l'ancien régime, ainsi que le constate Roux-Alphéran, « le spectacle ne « se soutenait que pendant l'hiver, et bien souvent les « directeurs ne trouvaient pas à y faire leurs affaires (1). » On peut dire que les directeurs d'aujourd'hui, malgré la subvention relativement importante qui leur est allouée, ne sont pas dans une meilleure situation que leurs prédécesseurs, parce que les 20.000 francs qu'ils reçoivent, au maximum, ne compensent pas toujours l'augmentation survenue dans les charges par suite de différentes causes, dont les principales sont : les exigences toujours croissantes du public, le chiffre élevé des appointements payés aux artistes, les droits excessifs que prélèvent les sociétés d'auteurs et d'éditeurs, et le grand nombre d'entrées de faveur qui sont imposées. Cette simple énumération explique pourquoi, si souvent, les années théâtrales se soldent par un déficit.

Je n'irai pas, cependant, jusqu'à prétendre que le théâtre, à Aix, devient impossible à exploiter ; et, sans méconnaître les dangers et les aléas de l'entreprise, j'estime que, en ayant soin de réduire ses frais au strict nécessaire ; en faisant un choix judicieux des pièces à monter ; en

1 Les Rues d'Aix, t. 2, p. 233.

évitant de présenter, comme il arrive souvent, des ouvrages insuffisamment préparés, dont la mauvaise exécution indispose le public ; un directeur sérieux et intelligent aura toujours des chances pour doubler heureusement le cap redoutable de la clôture.

Enfin, me plaçant à un point de vue plus général et plus élevé, j'ajouterai que le théâtre a existé en tous les temps et dans tous les pays civilisés ; et que, selon toute apparence, il vivra autant que les beaux-arts (poésie, musique, peinture) qui forment ses éléments et dont il est, en quelque sorte, la vivante expression. C'est pourquoi j'espère que les générations futures, quelque positives et prosaïques qu'elles puissent être, ne renonceront jamais absolument au culte du Beau, et sauront conserver leur admiration pour les grands auteurs et les grands compositeurs, dont les chefs-d'œuvre possèdent le magique pouvoir de nous transporter dans un monde idéal, et de nous faire oublier, au moins pour un moment, les amertumes de la vie réelle.

APPENDICE

Ouvrages représentés, à Aix, pour la 1re fois,
de 1837 à 1908.

Opéras et Opérettes. — 1837-38 le Postillon de Lonjumeau, le Cheval de Bronze, l'Ambassadrice — 1838-39 la Juive — 1839-40 le Brasseur de Preston, le Domino noir — 1840-41 Lucie de Lamermoor, le Perruquier de la Régence, Guillaume Tell — 1841-42 la Favorite, les Huguenots — 1842-43 le Code noir — 1843-44 le Guitarrero, la Part du diable, les Diamants de la couronne — 1845-46 la Sirène, la Fille du régiment, les Martyrs, Don Pasquale, Cagliostro, la Reine de Chypre — 1846-47 les Mousquetaires de la reine — 1847-48 Charles VI, Ne touchez pas à la reine — 1848-49 l'Ame en peine — 1850-51 Le Caïd, Haydée, le Val d'Andorre — 1851-52 le Songe d'une nuit d'été, Gilles ravisseur, le Roi d'Yvetot, Giralda — 1853-54 les Noces de Jeannette, Bonsoir Monsieur Pantalon, la Poupée de Nuremberg — 1854-55 le Moulin joli, le Sourd ou l'auberge pleine — 1855-56 le Bijou perdu, Si j'étais roi, Galathée, les Deux aveugles — 1856-57 la Promise, Tromb-al-Cazar — 1857-58 la Fanchonnette, les Deux vieilles gardes, Croquefer — 1859-60 les Charmeurs, les Pantins de Violette, la Rose de Saint-Flour, Maître Pathelin, le Farfadet, les Dragons de Villars, Rose et Lis (création), le Mariage aux lanternes — 1860-61 Bonsoir voisin, Un effet électrique, Martha, la Reine Topaze, le Torréador, le Trouvère — 1862-63 Monsieur Choufleuri restera chez lui, le Pont des soupirs, la Graine de coquelicot (création) — 1863-64 la Fleur du Val Suzon, le Violoneux, le Fils de Thésée (création) — 1864-65 le Joueur de flûte — 1865-66 Roland à Roncevaux — 1866-67 Faust — 1868-69 Listchen et Fristchen, la Belle Hélène, la Vie parisienne, Barbe-Bleue, la Grande duchesse de Gérolstein, le Voyage en Chine — 1869-70 Orphée aux enfers, la Périchole — 1871-72 les Bavards, l'Ombre, Philémon et Baucis — 1873-74 la Fille de Madame Angot, le Bastidon (création) — 1875-76 Mignon, Giroflé-Girofla — 1876-77 la Traviata — 1878-79 les Cloches de Corneville, le Petit duc, la Petite mariée — 1879-80 Rigoletto, Roméo et

Juliette, l'Africaine, le Prophète, Mireille, les Noces d'Olivette —
1880-81 la Fille du tambour major, Madame Favart — 1881-82 le
Petit Faust, Fatinitza — 1882-83 les Mousquetaires au couvent,
la Timbale d'argent, l'Œil crevé, la Mascotte — 1883-84 Gillette
de Narbonne, François les bas bleus — 1884-85 les Brigands —
1885-86 Carmen, Mademoiselle Nitouche, les Petits Mousquetaires,
le Grand Mogol, la Princesse des Canaries — 1886-87 le Jour et la
nuit, le Cœur et la main, Joséphine vendue par ses sœurs, Romé
et Judée (création) — 1888-89 Lakmé, Boccace, Lalla-Rouck, la
Cigale et la fourmi, le Médecin malgré lui — 1889-90 Surcouf, les
Pêcheurs de perles, l'Oiseau bleu — 1890-91 la Marjolaine, la
Princesse de Trébizonde — 1891-92 les Amours du diable, les Cent
vierges — 1892-93 Miss Helyett, la Jolie parfumeuse, les 28 jours
de Clairette, Manon, le Voyage de Suzette, l'Etoile du nord —
1893-94 Lili, le Petit chaperon rouge, Werther, Cliquette, Hamlet,
l'Oncle Célestin — 1894-95 l'Amour mouillé, le Roi d'Ys, Serment
d'amour — 1895-96 lou Vergié d'óulivié (création), Aïda, 1896-97
Ali-baba, Paul et Virginie, Du soir au matin (création), les Contes
d'Offmann, Idylle — 1897-98 l'Arlésienne, la Vivandière, Cousin
cousine, Cavalleria rusticana — 1898-99 les Petites Michu, le
Capitole, les Petites brebis, Mademoiselle Carabin, le Cabinet
Piperlin, Paillasse, le Torpilleur (création) — 1899-1900 la Poupée,
le Tribut de Zamora, la Navarraise, Protis (création) — 1900-01
Rip, le Sire de Framboisy — 1902-03 la Bohême, le Talisman,
Sapho — 1903-04 les Saltimbanques, l'Attaque du moulin, Samson
et Dalila, l'Auberge du tohu-bohu, la Taverne des trabans, Arlette
(création) — 1905-06 les Fêtards, Thaïs, Messaline — 1907-08 Véronique, Fortunio, Après le bal (création), la Tosca.

Drames, Comédies, Vaudevilles. — La liste complète de ces
pièces serait longue et difficile à établir. Je me contenterai d'indiquer celles dont j'ai signalé la création sur notre scène ; et, parmi
les autres, les plus connues dont plusieurs furent jouées par des
troupes de passage.

1838-39 Bruno le fileur — 1839-40 Mademoiselle de Belle-Isle,
les Trois épiciers — 1840-41 les Etudiants en droit (création) —
1841-42 la Grâce de Dieu — 1842-43 les Mémoires du diable —
1843-44 les Petites misères de la vie humaine, les Premières armes
de Richelieu — 1844-45 Don César de Bazan, 1845-46 les Demoiselles de St-Cyr — 1846-47 Marie-Jeanne — 1847-48 la Closerie des
genêts — 1851-52 Bataille de dames, le Chapeau de paille d'Italie
— 1852-53 Adrienne Lecouvreur — 1853-54 les Filles de marbre,

la Dame aux camélias — 1854-55 Epilogue (création), l'Amour sous
un parapluie (création), la Perruque de grand papa (création) —
1855-56 le Gendre de Monsieur Poirier, le Demi-monde — 1856-57
les Pauvres de Paris, le Dernier Prince d'amour (création). —
1858-59 les Amours de Pharnabaze Mitou (création), le Fils naturel
— 1859-60 le Roman d'un jeune homme pauvre — 1860-61 Zin,
manazin, manaboun (création) — 1861-62 Fauvette (création), les
Deux troupiers (création), Fanfan ou le Petit tambour (création),
le Voyage de Monsieur Perrichon — 1862-63 le Bossu, le Fils de
Giboyer — 1864-65 la Cagnotte, le Marquis de Villemer — 1865-66
le Lion amoureux, la Famille Benoiton — 1866-67 les Idées de
Madame Aubray — 1869-70 Froufrou — 1872-73 Séraphine —
1873-74 Monsieur Alphonse — 1875-76 l'Etrangère — 1877-78 les
Dominos roses, les Fourchambault — 1881-82 le Monde où l'on
s'ennuie, On demande un infirme (création) — 1883-84 le Maître
de forges — 1884-85 Divorçons — 1885-86 l'Haleine (création) —
1886-87 Francillon — 1889-90 Coquin de mistral (création) —
1894-95 Madame Sans-gêne — 1898-99 Cyrano de Bergerac —
1900-01 l'Aiglon — 1905-06 Phyllis — 1906-07 Electre, Gringoire.